高等院校应用人才培养教材·经济管理系列

U0441999

会计核算模拟实验教程

（第二版）

主　编　佟　贺
副主编　丁　莹　南　芳
　　　　韩　毅　李冰凌

北京大学出版社
PEKING UNIVERSITY PRESS

图书在版编目(CIP)数据

会计核算模拟实验教程/佟贺主编. —2版. —北京：北京大学出版社，2020.4
高等院校应用人才培养教材. 经济管理系列
ISBN 978-7-301-31087-8

Ⅰ.①会…　Ⅱ.①佟…　Ⅲ. ①会计学－实验－高等学校－教材　Ⅳ.①F230-33

中国版本图书馆CIP数据核字（2019）第300859号

书　　名	会计核算模拟实验教程（第二版） KUAIJI HESUAN MONI SHIYAN JIAOCHENG（DI-ER BAN）
著作责任者	佟　贺　主编
策划编辑	温丹丹
责任编辑	温丹丹
标准书号	ISBN 978-7-301-31087-8
出版发行	北京大学出版社
地　　址	北京市海淀区成府路205号　100871
网　　址	http://www.pup.cn　　新浪微博：@北京大学出版社
电子信箱	zyjy@pup.cn
电　　话	邮购部 010-62752015　发行部 010-62750672　编辑部 010-62756923
印 刷 者	天津中印联印务有限公司
经 销 者	新华书店
	787毫米×1092毫米　16开本　15.25印张　330千字
	2011年8月第1版
	2020年4月第2版　2020年4月第1次印刷(总第6次印刷)
定　　价	38.00元

未经许可，不得以任何方式复制或抄袭本书之部分或全部内容。

版权所有，侵权必究

举报电话：010-62752024　电子信箱：fd@pup.pku.edu.cn

图书如有印装质量问题，请与出版部联系，电话：010-62756370

第二版前言

随着会计学专业的发展，实践性教学在提高学生动手能力、实现会计专业培养目标等方面发挥着日益重要的作用。为了做好会计学专业的实践教学，我们组织编写了本书，为会计实践教学提供高仿真、可操作性强的实验教学载体。本书力求体现以下几个特点。

1. 适应性

本书与新的《企业会计准则——基本准则》（2014 修改）（以下简称《企业会计准则》）紧密结合，会计科目与经济业务的设置都体现了新的《企业会计准则》的特点；与新的会计专业规则紧密衔接，经济业务涵盖了新的会计专业规则中的基础会计、中级财务会计、成本会计等课程的相关内容。学生通过本会计模拟实验的练习，能够全面提高综合应用能力和实际动手能力。

2. 仿真性

本书选用的所有原始凭证及相关会计资料均取自企业实际的会计工作，选择的经济业务内容、原始凭证、印鉴和印章均具有较高的仿真性。学生通过本会计模拟实验的练习，能够对企业的实际会计业务有深入的了解和认知。

3. 综合性

本书的内容适合会计专业的集中实践课程，经济业务内容的编排涵盖了企业会计核算的各个岗位工作内容，包括出纳业务、资金核算会计业务、资产会计业务、往来结算业务、财务成果业务以及成本会计业务。通过这些不同岗位业务的练习和实践，学生可以为将来的实际岗位工作打下坚实的基础。

本书由辽宁广播电视大学佟贺任主编，丁莹、南芳、韩毅和李冰凌任副主编。

由于时间仓促，加之编者水平有限，书中难免存在不当之处，我们恳请读者提出宝贵的意见和建议，以便及时更正和改进。谢谢！

编　者

2020 年 3 月

目　录

第一编　会计核算模拟实验的基本要求和基本资料

第二编　会计核算模拟实验的账页及报表

第 一 编

会计核算模拟实验的基本要求和基本资料

第一章

总论

一、会计核算模拟实验的目的及内容

会计核算模拟实验就是根据会计核算的基本原理，以单证账表的形式将企业会计核算的内容形象地复制出来。也就是说，学生在教师的指导下，扮演会计的角色，利用真实的会计资料，即会计凭证、会计账簿、会计报表等，按照会计工作的规范要求，依据会计核算的程序，运用会计方法，模拟从事会计实务操作工作，以达到全面、系统地掌握会计核算的基本方法和基本技能的目的。

本会计核算模拟实验以沈阳实业电机股份有限公司为例，设计了从建账到日常会计核算、产品成本计算、利润及利润分配的核算，最后编制财务会计报表全部过程的会计业务并给出相关资料。通过会计核算模拟实验，学生能够亲身体会作为一名出纳、一名会计所做的具体工作内容，掌握会计不同岗位人员的操作技能，从而对制造业的会计核算过程有一个比较系统、完整的认识，为学生走向会计工作岗位奠定良好的基础。

本会计核算模拟实验给出了沈阳实业电机股份有限公司20××年12月份发生的全部经济业务，要求学生完成以下内容。

1. 开设账户，并登记期初余额

根据沈阳实业电机股份有限公司在20××年12月初的期初余额资料开设账户，并登记期初余额。

2. 取得和填制原始凭证

本会计核算模拟实验外来原始凭证及部分自制原始凭证已印制，要求学生根据业务内容自行填制部分自制原始凭证。

3. 根据给定经济业务编制记账凭证

本会计核算模拟实验提供了企业经常发生的67笔经济业务，并提供了相应的原始凭证，要求学生根据经济业务发生的原始凭证编制相应的记账凭证。

4. 登记日记账、明细分类账和总分类账

本会计核算模拟实验根据记账凭证及原始凭证登记库存现金日记账、银行存款日记账，以及明细分类账（以下简称“明细账”），根据科目汇总表登记总分类账（以下简称

“总账”）。

5. 成本计算

本会计核算模拟实验提供的是一个生产电机的企业资料，要求学生根据发生的经济业务计算出两种电机的生产成本。

6. 结账

本会计核算模拟实验要求结账前先进行账项调整，编制账项调整分录并入账。库存现金日记账、银行存款日记账、债权债务及资产物资、成本等明细账都要进行月结。总账除了月结之外，还要进行年结。年度终了结账时，有余额的账户，要将其余额结转至下一年。

7. 编制财务报告

本会计核算模拟实验要求编制年度资产负债表和利润表。

二、会计核算模拟实验的单位财务制度

沈阳实业电机股份有限公司财务制度

总　则

第一条　根据《企业会计准则》、《企业财务通则》（2006 修订）、《沈阳实业电机股份有限公司章程》及董事会决议制定本制度。

第二条　本制度是在遵循国家有关财务规定、会计准则的前提下，针对本公司的生产经营特点制定的，适合本公司发展需要的内部财务会计制度。

本公司的各部门、各位员工都应遵照执行。

会 计 核 算

第三条　本公司为独立核算的法人，设置总账一本，序时账两本（即库存现金日记账和银行存款日记账），明细账若干本。序时账、总账采用订本式，明细账采用活页式。

对于固定资产采用登记卡进行明细核算，同时设置固定资产明细账，记载各种固定资产的详细资料及变动情况。

对各种有价证券设置备查簿，登记有价证券的详细资料及变动情况。

第四条　货币资金的核算。

（1）货币资金由出纳人员负责管理和核算，收入现金必须向对方开具收款收据作为原始凭证，并根据会计人员编制的记账凭证登记账簿；支付给职工的现金借款，必须凭领导批准签字的“借款单”方可借款；报销的费用必须凭领导批准签字的“差旅费报销单”，并由会计人员编制记账凭证后方可付款；银行存款结算方式有现金支票、转账支票、银行汇票、电汇、银行本票、委托收款、托收承付等。

（2）企业设置库存现金总账、银行存款总账和库存现金日记账、银行存款日记账。银行存款按照开户行名称设置明细账，其他货币资金按用途设置明细账。

第五条 存货的核算。存货的原材料中的主要材料和辅助材料按计划成本法进行日常核算，设置“材料成本差异”科目，并按“原料及主要材料”“辅助材料”设置明细账，“其他材料”和“低值易耗品”按实际成本法进行日常核算。

“原材料”科目下设三个二级科目核算：“原料及主要材料”“辅助材料”“其他材料”。“周转材料”科目下设三个二级科目核算：“在库周转材料”“在用周转材料”“周转材料摊销”。

购入材料必须办理验收入库手续，填制材料入库单（材料入库单一式四联：第一联为存根联，由仓库留存；第二联为记账联，作为核算材料收入的原始凭证；第三联为付款联，交财务作为付款及编制记账凭证的原始凭证；第四联为备查联，由采购人员留存）。购入材料验收入库时，实际成本与计划成本的差额逐笔结转。

月末根据“材料成本差异”“原材料”明细账记录，计算材料成本差异。

“周转材料—在用周转材料”采用五五摊销法。

库存商品采用每月一次加权平均法结转发出材料成本，发出时必须填制领料单（领料单一式四联：第一联为存根联，由仓库留存；第二联为记账联，作为核算产成品发出的原始凭证；第三联为发票联，作为向购货单位开具发票的附件；第四联为备查联，由销售人员留存）。

第六条 购入材料时，采购费用按重量分配计入采购成本，支付的运费取得抵税发票联的，按9%计算进项税额进行抵扣。

第七条 固定资产的核算。

（1）生产经营用固定资产必须同时满足单位价值2 000元以上、使用年限一年以上两个条件，非生产经营用固定资产必须同时满足单位价值2 000元以上、使用年限两年以上两个条件。

（2）固定资产按平均年限法分类计提折旧，预计净残值率为3%，各类固定资产预计使用年限如下：

房屋、建筑物为40年，机械设备为10年，运输设备为4年，管理设备为3年。

第八条 长期股权投资的核算。对被投资单位有共同控制或重大影响的长期股权投资应采用权益法核算，对被投资单位能实施控制的长期股权投资，以及不具有共同控制或重大影响并且在活跃市场没有报价、公允价值不能可靠计量的长期股权投资应采用成本法核算。

第九条 资产减值准备的计提。按照《企业会计准则》的规定，对下列资产计提减值准备：

（1）年末按应收账款余额的0.5%调整坏账准备余额。

（2）存货按期末可变现净值低于账面价值的差额单项计提存货跌价准备。

（3）长期投资、固定资产、无形资产、在建工程等均按估计资产可收回金额与账面价值的差额，逐项计提减值准备。

第十条 成本核算。基本生产车间的直接人工及制造费用按工时比例进行分配，以 Y315 电机和 Y355 电机作为成本计算对象；机加车间和线圈车间的完工产品转入装配车间进行组装，采用分项结转分步法计算结转产品成本。

辅助生产车间发生的生产费用，计入“生产成本—辅助生产成本”，并采用直接分配法按各受益部门实际消耗工时进行分配。

制造费用分别按车间设置明细账，按工时比例进行分配。

第十一条 借款费用。因专门借款而发生的利息、折价或溢价的摊销，在符合《企业会计准则》资本化条件的情况下，应当予以资本化，计入该项资产的成本；其他的借款利息、折价或溢价的摊销，应当于发生当期确认为费用。

第十二条 本公司业务所涉及的税种及税率。

（1）增值税，本公司为增值税一般纳税人，税率为 13%。

（2）城市维护建设税，按实际应缴增值税、消费税的 7%计缴。

（3）教育费附加，按实际应缴增值税、消费税的 3%计缴。

（4）企业所得税，税率为 25%。

（5）其他税费，如房产税、车船使用税、印花税等根据国家税法规定计算缴纳。

第十三条 差旅费的账务处理。

本公司销售人员及其他人员差旅费按财务制度规定报销，均计入“管理费用”。

第十四条 信用政策。

给现有客户的信用条件是：2/10，1/20，n/30。客户享受的现金折扣计入“财务费用”。

公司财务

第十五条 现金出纳制度。严格遵守《现金管理暂行条例》和银行相关的结算制度，对于库存现金、银行存款和其他货币资金由专职的出纳人员负责保管；由出纳人员按照经济业务发生的先后顺序登记库存现金日记账和银行存款日记账，做到日清月结；按月与开户银行核对银行存款收支账项，编制银行存款余额调节表。

第十六条 结算制度。公司对外结算遵守国家有关结算制度和管理条例规定：公司内部各部门之间的结算采用内部银行划转结算，年终一次结清内部往来款项。

第十七条 费用报销制度。公司一切报销单据均需做到每单要三个人签字：经手人、部门负责人和财务部经理。

第十八条 复核及内审制度。具有复核职能的会计人员对所有凭证的填制、记账、过账和报表编制的工作进行复核，并在复核后的单、账、表上签名或盖章。

第十九条 差旅费按下列标准凭票据实报销。住宿标准：公司领导每日 400 元/人；部门负责人每日 300 元/人；普通员工每日 200 元/人；出差补助每日 18 元/人；遇特殊情况需乘坐飞机应经总经理审批方可报销；订票费在票面金额 20%以内的部分报销。

第二十条 利润分配。

（1）亏损的弥补按照《中华人民共和国企业所得税法》的规定执行。

（2）盈余公积金提取比例：法定盈余公积金为10%，任意盈余公积金为5%。

（3）分配给投资者的利润，由董事会根据当年的盈利状况决定。

三、会计核算模拟实验的单位机构岗位设置

沈阳实业电机股份有限公司内部设置5个部门——行政部、供应部、销售部、设备部、财务部；3个基本生产车间——机加车间、线圈车间、装配车间；2个辅助生产车间——机修车间、动力车间。其中，供应部下设材料库，销售部下设产成品库。沈阳实业电机股份有限公司主要部门机构设置及主要核算人员分工如表1-1所示。

表1-1 沈阳实业电机股份有限公司主要部门机构设置及主要核算人员分工

部门	负责人		部门	负责人
行政部	李晓华		机加车间	肖劲松
供应部	孙东华		线圈车间	王立刚
材料库	陈丽莎		装配车间	董凯
销售部	郝志远		动力车间	姜勇
产成品库	潘虹		机修车间	张寒冰
设备部	经理	刘波：负责设备部全面工作		
	管理员	李明远：负责维修设备		
财务部	经理	谭红艳：负责财务部全面工作		
	会计	王宇：负责编制记账凭证		
	会计	陶宁：负责凭证审核、登记总账及明细账、编制会计报表		
	会计	张亮：负责产品成本核算及相关成本费用账簿的登记		
	出纳	王建：负责出纳工作，登记库存现金日记账、银行存款日记账		

四、会计核算模拟实验的考核及成绩评定

1. *考核方法*

实验期间要求学生严格遵守实验纪律，严格遵守作息时间，不迟到、不早退，对实验期间违反实验纪律的学生，视其情况予以严肃处理。学生应在实验期间完成实验要求的全部内容，实验结束时，要上交手工完成的凭证及账簿等。具体包括如下内容：

（1）记账凭证2本（1—15日1本、16—31日1本），并附有对应的科目汇总表。

（2）日记账1本。

（3）明细账1本。

（4）总账1本。

（5）财务报告1份，包括资产负债表、利润表。

2. *成绩评定*

结合学生实验期间的考勤情况、态度表现和作业质量，指导教师对学生的实验进行

综合评定，实验成绩分为优（90～100 分）、良（75～89 分）、及格（60～74 分）、不及格（60 分以下）四个等级。考核内容如下：

（1）会计凭证、会计账簿和会计报表的核算操作是否符合要求。

（2）会计科目的使用是否正确。

（3）会计数据的计算是否准确。

（4）会计凭证、会计账簿的填制和登记是否及时完整，摘要填写是否工整、清楚和正确。

（5）会计报表的数据与会计凭证、账簿钩稽关系是否正确等。

五、会计核算模拟实验的资料及用具准备

每名学生应准备通用记账凭证 100 张，凭证封皮 2 张，科目汇总表 7 张。（相关账页及报表资料见本书第二编）

第二章

会计核算模拟实验的基本资料

一、会计核算模拟实验的单位概况

企业名称：沈阳实业电机股份有限公司

注册地址：沈阳经济技术开发区 388 号

联系电话：024-867236××

法定代表人：张光宇

注册资本：5000 万元

企业类型：股份有限公司

经营范围：Y 系列交流电动机的生产和销售

纳税人识别号：210106868512379

开户银行：中国建设银行沈阳分行开发区支行

账号：4030-1100012-134-12

银行预留印鉴：企业财务专用章 

法定代表人章 

二、会计核算模拟实验的单位账务处理程序

沈阳实业电机股份有限公司采用科目汇总表的核算形式，每半个月编制一次科目汇总表，并登记总账。

（1）根据原始凭证或原始凭证汇总表编制记账凭证（本会计核算模拟实验采用通用记账凭证）。

（2）根据记录有库存现金和银行存款业务的记账凭证，登记库存现金日记账和银行存款日记账。

（3）根据记账凭证及其所附的原始凭证和原始凭证汇总表，登记各明细账。

（4）根据记账凭证，定期编制科目汇总表。

（5）根据科目汇总表，定期登记总账。

（6）库存现金日记账、银行存款日记账和明细账要定期分别与总账相互核对。

（7）根据总账和明细账的资料编制会计报表（见第二编，账页及报表中默认的金额单位为元）。

科目汇总表账务处理程序如图 2-1 所示。

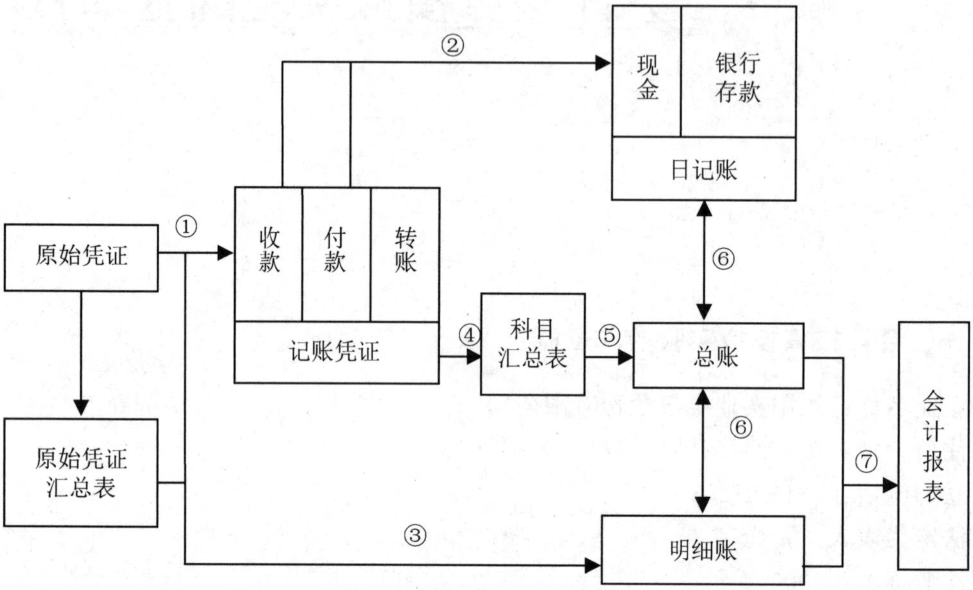

图 2-1 科目汇总表账务处理程序

三、会计核算模拟实验的单位生产工艺流程

沈阳实业电机股份有限公司的产品生产工艺流程是：首先，由机加车间生产电机的外壳部分，线圈车间生产电机的主体机身；其次，两个车间完工的半成品转入装配车间并按照 1∶1 的比例进行装配。

第三章

会计核算模拟实验的期初资料

一、报表资料

资产负债表如表 3-1 所示，利润表如表 3-2 所示。

表 3-1 资产负债表

会企 01 表

编制单位：沈阳实业电机股份有限公司　　20××年 01 月××日　　金额单位：元

资产	期末余额	年初余额	负债及所有者权益（或股东权益）	期末余额	年初余额
流动资产：			流动负债：		
货币资金		14 742 902.00	短期借款		1 500 000.00
交易性金融资产		198 000.00	交易性金融负债		
应收票据及应收账款		4 295 000.00	应付票据及应付账款		4 678 200.00
减：坏账准备			预收账款		
预付款项			应付职工薪酬		476 000.00
其他应收款		5 000.00	应交税费		3 678 915.00
存货		7 862 000.00	其他应付款		5 003 600.00
持有待售资产			持有待售负债		
一年内到期的非流动资产			一年内到期的非流动负债		
其他流动资产			其他流动负债		
流动资产合计		27 102 902.00	流动负债合计		15 336 715.00
非流动资产：			非流动负债：		
债权投资			长期借款		4 000 000.00
其他债权投资			应付债券		
投资性房地产			长期应付款		
长期股权投资		1 500 000.00	预计负债		

续表

资产	期末余额	年初余额	负债及所有者权益（或股东权益）	期末余额	年初余额
长期应收款			递延所得税负债		
固定资产		48 576 120.00	其他非流动负债		
在建工程		4 200 000.00	非流动负债合计		4 000 000.00
			负债合计		19 336 715.00
油气资产			所有者权益（或股东权益）：		
无形资产			实收资本（或股本）		50 000 000.00
开发支出		600 000.00	其他权益工具		
商誉			资本公积		800 000.00
长期待摊费用			其他综合收益		
递延所得税资产			盈余公积		4 164 260.00
其他非流动资产			未分配利润		7 678 047.00
非流动资产合计		54 876 120.00	减：库存股		
			所有者权益（或股东权益）合计		62 642 307.00
资产总计		81 979 022.00	负债和所有者权益（或股东权益）总计		81 979 022.00

表 3-2 利润表

会企 02 表

编制单位：沈阳实业电机股份有限公司　　20××年 01 月××日　　金额单位：元

项目	1—11 月金额	本期金额	上期金额
一、营业收入	12 073 339.48		
减：营业成本	2 052 468.00		
税金及附加	205 246.48		
销售费用	352 978.00		
管理费用	954 687.00		
研发费用			
财务费用	65 848.00		
资产减值损失	2 000.00		
信用减值损失			
加：其他收益			
投资收益（损失以“—”号填列）			
其中：对联营企业和合营企业的投资收益			
公允价值变动收益（损失以“—”号填列）	2 000.00		
资产处置收益（损失以“—”号填列）			

续表

项目	1—11 月金额	本期金额	上期金额
二、营业利润（亏损以“－”号填列）	8 442 112.00		
加：营业外收入			
减：营业外支出			
其中：非流动资产处置利得			
三、利润总额（亏损总额以“－”号填列）	8 442 112.00		
减：所得税费用	2 110 528.00		
四、净利润（净亏损以“－”号填列）	6 331 584.00		
五、其他综合收益的税后净额			
（一）不能重分类进损益的其他综合收益			
（二）将重分类进损益的其他综合收益			
六、综合收益总额			
七、每股收益			
（一）基本每股收益			
（二）稀释每股收益			

二、账簿资料

1. 12 月份账户期初余额明细表

12 月份账户期初余额明细表如表 3-3 所示。

表 3-3　12 月份账户期初余额明细表　　金额单位：元

总账科目	二级科目	明细账科目	借方金额	贷方金额	账页格式
库存现金			8 266.54		日记账
银行存款		中国建设银行沈阳分行开发区支行	2 399 727.30		日记账
其他货币资金		存出投资款	150 000.00		三栏式
交易性金融资产			198 000.00		三栏式
	股票	成本	200 000.00		三栏式
		公允价值变动		2 000.00	三栏式
应收票据			6 549 800.00		三栏式
		山东渤海公司	1 248 000.00		三栏式
		北京麒麟公司	3 645 000.00		三栏式
		四川西南公司	1 656 800.00		三栏式
应收账款			3 742 435.00		三栏式
		北京大众公司	1 342 000.00		三栏式
		山西煤焦公司	1 560 000.00		三栏式
		山东渤海公司	280 435.00		三栏式
		上海东方公司	560 000.00		三栏式

续表

总账科目	二级科目	明细账科目	借方金额	贷方金额	账页格式
其他应收款			8 000.00		三栏式
		销售部王新	5 000.00		三栏式
		行政部备用金	3 000.00		三栏式
坏账准备				18 712.18	三栏式
原材料			1 998 225.00		三栏式
	原料及主要材料	详见表 3-6	1 468 720.00		数量金额式
	辅助材料	详见表 3-6	434 000.00		数量金额式
	其他材料	详见表 3-6	95 505.00		数量金额式
周转材料			84 000.00		三栏式
	在库周转材料		84 000.00		数量金额式
	在用周转材料				
	周转材料摊销				
材料成本差异	原料及主要材料		3 437.00		三栏式
生产成本			1 874 310.00		三栏式
	基本生产成本	机加车间详见表 3-4	434 660.00		三栏式
		线圈车间详见表 3-4	628 750.00		三栏式
		装配车间详见表 3-4	810 900.00		三栏式
库存商品		详见表 3-5	2 839 740.00		数量金额式
长期股权投资	防爆电机公司		1 500 000.00		三栏式
固定资产		详见表 3-7	58 000 000.00		三栏式
累计折旧		详见表 3-7		7 185 604.00	三栏式
在建工程		车间扩建	7 620 000.00		三栏式
无形资产		专利	600 000.00		三栏式
累计摊销				120 000.00	三栏式
短期借款				2 000 000.00	三栏式
应付票据		小岭钢铁厂		1 200 000.00	三栏式
应付账款				3 530 000.00	三栏式
		和光集团		585 000.00	三栏式
		东塔电磁线		2 945 000.00	三栏式
应付职工薪酬				89 415.00	三栏式
		养老保险		36 000.00	三栏式
		失业保险		1 935.00	三栏式
		医疗保险		15 480.00	三栏式
		住房公积金		36 000.00	三栏式
应交税费				396 525.80	三栏式
		未交增值税		360 478.00	三栏式
		应交城建税		25 233.46	三栏式
		教育费附加		10 814.34	三栏式
长期借款	中国建设银行沈阳分行开发区支行			4 000 000.00	三栏式
应付利息				67 200.00	三栏式
股本				50 000 000.00	三栏式
资本公积				800 000.00	三栏式

续表

总账科目	二级科目	明细账科目	借方金额	贷方金额	账页格式
盈余公积				4 164 260.00	三栏式
	法定盈余公积			2 816 170.00	三栏式
	任意盈余公积			1 348 090.00	三栏式
利润分配	未分配利润			7 678 047.03	三栏式
本年利润				6 326 176.83	三栏式
合计			87 577 940.84	87 577 940.84	

2. 基本生产账户 12 月份期初余额

基本生产账户 12 月份期初余额如表 3-4 所示。

表 3-4　基本生产账户 12 月份期初余额　　金额单位：元

车间	产品名称	直接材料	直接人工	制造费用	合计
机加车间	Y315 电机	130 398.00	13 909.00	29 557.00	173 864.00
	Y355 电机	195 598.00	20 864.00	44 334.00	260 796.00
	小计	325 996.00	34 773.00	73 891.00	434 660.00
线圈车间	Y315 电机	188 625.00	20 120.00	42 755.00	251 500.00
	Y355 电机	282 938.00	30 180.00	64 132.00	377 250.00
	小计	471 563.00	50 300.00	106 887.00	628 750.00
装配车间	Y315 电机	243 270.00	25 948.00	55 142.00	324 360.00
	Y355 电机	364 905.00	38 923.00	82 712.00	486 540.00
	小计	608 175.00	64 871.00	137 854.00	810 900.00
合计					1 874 310.00

3. 库存商品 12 月份期初余额

库存商品 12 月份期初余额如表 3-5 所示。

表 3-5　库存商品 12 月份期初余额　　金额单位：元

产品名称	数量/台	单位成本	总成本
Y315 电机	300	3 786.00	1 135 800.00
Y355 电机	350	4 868.40	1 703 940.00
合计	650		2 839 740.00

4. 原材料 12 月份期初余额

原材料 12 月份期初余额如表 3-6 所示。

表 3-6　原材料 12 月份期初余额　　金额单位：元

类别	名称	计量单位	结存数量	计划单价	结存金额
原料及主要材料	碳结钢	吨	88	5 007.00	440 616.00
	电磁线	吨	70	14 687.20	1 028 104.00
辅助材料	木材	立方米	1 085	160.00	173 600.00
	油漆	公斤	2 604	100.00	260 400.00
其他材料				实际单价	95 505.00
周转材料	在库周转材料	套	168	500.00	84 000.00
合计					2 082 225.00

5. 固定资产及累计折旧12月份期初余额

固定资产及累计折旧 12 月份期初余额如表 3-7 所示。

表 3-7 固定资产及累计折旧 12 月份期初余额 金额单位：元

资产名称	资产原值	累计折旧	净值
机加车间房屋	5 969 072.00	716 289.00	5 252 783.00
机加车间设备	9 896 907.00	1 187 629.00	8 709 278.00
线圈车间房屋	6 432 990.00	771 959.00	5 661 031.00
线圈车间设备	6 185 567.00	742 268.00	5 443 299.00
装配车间房屋	4 997 938.00	667 433.00	4 330 505.00
装配车间设备	2 477 526.00	369 493.00	2 108 033.00
机修车间房屋	4 948 454.00	593 814.00	4 354 640.00
机修车间设备	1 855 670.00	222 680.00	1 632 990.00
动力车间房屋	5 491 546.00	699 594.00	4 791 952.00
动力车间设备	1 624 330.00	208 456.00	1 415 874.00
行政部房屋	3 958 763.00	475 052.00	3 483 711.00
行政部设备	618 557.00	74 227.00	544 330.00
销售部房屋	3 001 237.00	387 221.00	2 614 016.00
销售部设备	541 443.00	69 489.00	471 954.00

6. 12月份产品产量记录

12 月份产品产量记录如表 3-8 所示。

表 3-8 12 月份产品产量记录 单位：台

车间	产品类别	月初在产品	本月投产品	本月完工产品	月末在产品	投料率/%
机加车间	Y315 电机	55	550	580	25	100
	Y355 电机	65	600	640	25	100
线圈车间	Y315 电机	80	500	550	30	100
	Y355 电机	93	520	605	8	100
装配车间	Y315 电机	103	550	610	43	100
	Y355 电机	120	600	650	70	100

7. 12月份生产工时记录

12 月份生产工时记录如表 3-9 所示。

表 3-9 12 月份生产工时记录 单位：台

车间	产品类别	月初在产品	本月投产品	合计	本月完工产品	月末在产品
机加车间	Y315 电机	1 390	13 910	15 300	14 670	630
	Y355 电机	2 080	19 260	21 340	20 540	800
线圈车间	Y315 电机	2 020	12 580	14 600	13 840	760
	Y355 电机	3 020	16 880	19 900	19 650	250
装配车间	Y315 电机	2 595	15 905	18 500	17 900	600
	Y355 电机	3 890	23 410	27 300	26 400	900

第四章

会计核算模拟实验的本期资料

一、模拟企业 12 月份发生的经济业务

沈阳实业电机股份有限公司 20××年 12 月份发生如下经济业务：

(1) 12 月 1 日，开出转账支票用于支付前欠和光集团沈阳公司材料款 585 000 元。(原始凭证见证表 1)

(2) 12 月 1 日，销售给上海机床厂 20 台 Y315 电机，价值为 400 000 元，增值税为 52 000 元，产品已发出，收到 3 个月期限、票面利率为 6%的银行承兑汇票抵付货款。(原始凭证见证表 2)

(3) 12 月 1 日，向银行借入为期 6 个月的借款 10 000 元存入银行。(原始凭证见证表 3)

(4) 12 月 1 日，支出现金 1 000 元，给行政部作为备用金。(原始凭证见证表 4)

(5) 12 月 1 日，销售员李文出差预借差旅费 3 000 元，以现金支付。(原始凭证见证表 5)

(6) 12 月 1 日，收到上海东方公司前欠货款 560 000 元（超过 21 天付款），收到转账支票并送交银行进账。(原始凭证见证表 6)

(7) 12 月 2 日，销售员王新出差归来报销差旅费 4 354 元，余款退回（王新 11 月份出差借款 5 000 元）。(原始凭证见证表 7-1、证表 7-2)

(8) 12 月 2 日，从吉林通化电磁线厂购入电磁线 35 吨，单价为 15 000 元，增值税税率为 13%，对方垫付运费 3 200 元，收到对方开来的增值税专用发票，款项以电汇支付，电磁线未到货。(原始凭证见证表 8-1～证表 8-3)

(9) 12 月 2 日，从和光集团沈阳公司购入碳结钢 30 吨，单价 5 100 元，增值税税率为 13%，货款尚未支付，材料验收入库。(原始凭证见证表 9-1、证表 9-2)

(10) 12 月 2 日，机加车间领用碳结钢 115 吨，60 吨用于生产 Y315 电机，55 吨用于生产 Y355 电机。(原始凭证见证表 10-1、证表 10-2)

(11) 12 月 3 日，2 日购入的电磁线到货，验收入库。(原始凭证见证表 11)

(12) 12 月 3 日，销售给山西煤焦公司 Y355 电机 40 台，单价为 25 000 元，增值税税率为 13%，产品已经发出，但货款尚未收到，企业的信用条件是 2/10，1/20，n/30（不考虑增值税）。(原始凭证见证表 12)

(13) 12 月 4 日，线圈车间领用电磁线 100 吨，其中，50 吨用于生产 Y315 电机，

50 吨用于生产 Y355 电机。（原始凭证见证表 13-1、证表 13-2）

（14）12 月 4 日，北京大众公司前欠的货款 1 342 000 元，因发生财务困难，经双方协商，达成新的协议，北京大众公司归还 1 000 000 元，货款已收到。（原始凭证见证表 14-1、证表 14-2）

（15）12 月 4 日，以存出投资款购入股票作为交易性金融资产。（原始凭证见证表 15）

（16）12 月 6 日，通过银行缴纳 11 月份应交未交的增值税 360 478 元，城市维护建设税 25 233.46 元，教育费附加 10 814.34 元，收到各项税金及附加的缴款收据。（原始凭证见证表 16-1～证表 16-3）

（17）12 月 6 日，通过银行缴纳 11 月份养老保险金 36 000 元，失业保险金 1 935 元，医疗保险金 15 480 元。（原始凭证见证表 17-1～证表 17-6）

（18）12 月 8 日，收到销售给山西煤焦公司 Y355 电机的销货款（见业务 12，本月 3 日销售），并存入银行。（原始凭证见证表 18）

（19）12 月 8 日，签发转账支票一张，购买本月印花税 1 200 元。（原始凭证见证表 19-1、证表 19-2）

（20）12 月 8 日，10 月份收到的山东渤海公司无息银行承兑汇票到期，面额为 1 248 000 元，存入银行。（原始凭证见证表 20）

（21）12 月 10 日，向山东渤海公司销售 Y315 电机 120 台，单价为 19 500 元，增值税为 304 200 元，收到转账支票一张，送交银行办理进账。（原始凭证见证表 21-1、证表21-2）

（22）12 月 12 日，签发现金支票一张，提取现金 2 000 元备用。（原始凭证见证表 22）

（23）12 月 12 日，销售员李文出差归来（见业务 5，李文出差借款 3 000 元）报销差旅费 4 180 元，不足部分以现金补足。（原始凭证见证表 23）

（24）12 月 13 日，行政部以备用金 2 712 元购入办公用品。（原始凭证见证表 24）

（25）12 月 14 日，开出转账支票一张，支付广告费 6 148 元。（原始凭证见证表 25-1、证表 25-2）

（26）12 月 15 日，向银行申请银行汇票一张，票面金额 20 000 元，拟向大连海螺水泥公司购入车间扩建用物资。（原始凭证见证表 26）

（27）12 月 15 日，开出转账支票一张，用以支付住房公积金 36 000 元。（原始凭证见证表 27-1、证表 27-2）

（28）12 月 15 日，向大连海螺水泥公司购入的用于扩建车间的水泥到货，水泥发票价款为 20 000 元，增值税为 2 600 元，余款通过电汇补齐。（原始凭证见证表 28-1～证表 28-4）

（29）12 月 16 日，申请 Y315 电机改进专利，以转账支票付款 8 000 元。（原始凭证见证表 29-1、证表 29-2）

（30）12 月 17 日，购入一辆价值 80 000 元的货车，增值税税率为 13%，款项以银行存款支付。（原始凭证见证表 30-1～证表 30-3）

（31）12 月 17 日，收到银行的付款通知，结算本季度的长期借款利息 90 000 元，上两个月已预提 60 000 元，该借款专门用于建造厂房。（原始凭证见证表 31）

（32）12 月 18 日，机加车间领用一批工具，价值 30 000 元。（原始凭证见证表 32）

（33）12 月 18 日，将 4 日购入的股票出售（见业务 15），款项存入企业资金账户。（原始凭证见证表 33）

（34）12 月 18 日，生产部门报废 1 台机床，原价 100 000 元，已计提折旧 90 000 元，将报废的机床转入清理。清理过程中将报废的机床以 5 000 元作为废品出售。（原始凭证见证表 34-1、证表 34-2）

（35）12 月 19 日，机加车间、线圈车间各领用 1 吨碳结钢，作为车间一般性耗用。（原始凭证见证表 35-1、证表 35-2）

（36）12 月 20 日，去银行办理贴现（处理 12 月 1 日收到的上海机床厂的银行承兑汇票，见业务 2），贴现率为 8%，款项存入银行。（原始凭证见证表 36）

（37）12 月 20 日，装配车间领用木材 1 000 立方米，油漆 500 公斤。（原始凭证见证表 37-1、证表 37-2）

（38）12 月 20 日，计算本月工人工资，机加车间工人工资为 200 000 元，机加车间管理人员工资为 30 000 元；线圈车间工人工资为 180 000 元，线圈车间管理人员工资为 25 000元；装配车间工人工资为 100 000 元，装配车间管理人员工资为 15 000 元；机修车间工人工资为 30 000 元；动力车间工人工资为 22 000 元；行政部人员工资为 50 000 元；销售部人员工资为 58 000 元。（生产工人工资按工时比例分配，原始凭证见证表 38）

（39）12 月 21 日，从银行提取现金 575 100 元，用于发放本月工资。（原始凭证见证表 39）

（40）12 月 21 日，提取应由企业负担的职工养老保险为 142 000 元，医疗保险为 56 800 元，失业保险为 14 200 元，住房公积金为 56 800 元。（养老保险计提比例为 20%，医疗保险计提比例为 8%，失业保险计提比例为 2%，住房公积金计提比例为 8%，原始凭证见证表 40）

（41）12 月 21 日，根据应付职工薪酬总额的 2%计提职工教育经费，根据应付职工薪酬总额的 2%计提工会经费。（原始凭证见证表 41-1、证表 41-2）

（42）12 月 21 日，发放工资。（原始凭证见证表 42）

（43）12 月 22 日，小岭钢铁厂无息应付票据到期，企业以银行存款 1 200 000 元支付。（原始凭证见证表 43）

（44）12 月 23 日，企业进行财产清查，发现一台账外设备，重置价值为 50 000 元。按其新旧程度估计已磨损价值为 20 000 元，净值为 30 000 元。（原始凭证见证表 44-1、证表 44-2）

（45）12 月 23 日，山东渤海公司的一笔应收账款 6 000 元，经确认作为坏账处理。（原始凭证见证表 45）

（46）12 月 23 日，销售给沈阳水务集团 200 台 Y315 电机，单价为 21 000 元；150 台 Y355 电机，单价为 26 000 元。增值税税率为 13%，款项存入银行。（原始凭证见证表 46-1、证表 46-2）

（47）12 月 25 日，以银行存款支付本月的电费价款 180 000 元及进项税 23 400 元。（原始凭证见证表 47-1、证表 47-2）

（48）12 月 25 日，按用电数量分配电费。（原始凭证见证表 48）

（49）12 月 25 日，收到银行通知，支付本月水费 50 000 元。其中，机加车间为 15 000 元，线圈车间为 18 000 元，装配车间为 8 000 元，机修车间为 3 000 元，动力车间

为 3 000 元，行政部为 1 000 元，销售部为 2 000 元。（原始凭证见证表 49-1～证表 49-3）

（50）12 月 30 日，计提固定资产折旧，各部门固定资产折旧金额见表 4-1。（原始凭证见证表 50）

表 4-1 各部门固定资产折旧金额

金额单位：元

项目	机加车间	线圈车间	装配车间	机修车间	动力车间	行政部	销售部
房屋	12 062.50	13 000.00	10 100.00	10 000.00	13 098.00	8 000.00	6 065.00
设备	80 000.50	50 000.00	20 027.00	15 000.00	13 130.00	5 000.00	4 377.00

（51）12 月 30 日，计算材料的成本差异率，结转本月领用材料的成本差异。（原始凭证见证表 51）

（52）12 月 30 日分配辅助生产费用。机修车间和动力车间对外提供劳务数量（工时）见表 4-2。（原始凭证见证表 52）

表 4-2 机修车间和动力车间对外提供劳务数量（工时）

单位：小时

项目	机加车间	线圈车间	装配车间	行政部	销售部
机修车间	500	600	300	80	120
动力车间	200	150	130	20	50

（53）12 月 30 日，将各车间制造费用按工时比例分配到各产品中，编制车间制造费用分配表。（原始凭证见证表 53）

（54）12 月 30 日，计算各产品的成本，并编制车间制造成本计算表，将生产费用在完工产品和在产品之间进行分配；结转本月完工产品成本。假设原材料在生产开始时一次投入，工资及车间制造费用按照完工产品和在产品的工时比例分配。（原始凭证见证表 54-1～证表 54-6）

（55）12 月 30 日，完工产品验收入库。（原始凭证见证表 55）

（56）12 月 30 日，按应收账款余额的 0.5%计提坏账准备。（原始凭证见证表 56）

（57）12 月 30 日，本月摊销无形资产 25 000 元。（原始凭证见证表 57）

（58）12 月 30 日，因技术发展，公司原有的专利技术已贬值，计提无形资产减值准备 10 000 元。（原始凭证见证表 58）

（59）12 月 30 日，计算本月应交增值税。（原始凭证见证表 59）

（60）12 月 30 日，计算本月应交城市维护建设税及教育费附加。（原始凭证见证表 60）

（61）12 月 30 日，结转产品销售成本。（原始凭证见证表 61）

（62）12 月 30 日，计提本月房产税 31 320 元，城镇土地使用税 2 000 元。（原始凭证见证表 62）

（63）12 月 30 日，将收入类账户余额转入本年利润账户。（原始凭证见证表 63）

（64）12 月 30 日，将费用类账户余额转入本年利润账户。（原始凭证见证表 64）

（65）12 月 30 日，计算本月应交所得税。（原始凭证见证表 65）

（66）12 月 30 日，按全年税后利润的 10%计提法定盈余公积金，按 5%计提任意盈余公积金，按税后利润的 50%向投资者分配股利。（原始凭证见证表 66）

（67）12 月 30 日，结转利润分配各明细账。

二、模拟企业 12 月份发生的经济业务的原始凭证

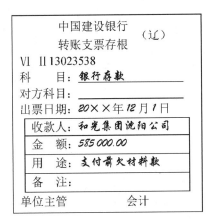

证表 1

中国建设银行（辽）
转账支票存根
VI　II 13023538
科　　目：银行存款
对方科目：
出票日期：20××年 12 月 1 日

收款人：	和光集团沈阳公司
金　额：	585 000.00
用　途：	支付前欠材料款
备　注：	

单位主管　　　　会计

证表 2

中国工商银行　银行承兑汇票

出票日期（大写）贰零××年壹拾贰月零壹日　　　　汇票号码 2

出票人全称	上海机床厂	收款人	全　称	沈阳实业电机股份有限公司
出票人账号	9558801001165024085		账　号	4030-1100012-134-12
付款行全称	中国工商银行上海支行		开户银行	中国建设银行沈阳分行开发区支行
汇票金额	人民币（大写）肆拾伍万贰仟元整		千 百 十 万 千 百 十 元 角 分	¥ 4 5 2 0 0 0 0 0
汇票到期日（大写）	贰零××年零叁月零壹日		承兑协议编号	6784
付款人开户银行（盖章）（中国工商银行上海支行 汇票专用章 ××××××） 复核　　会计	汇票签发人（盖章） 负责　　　经办 备注：			科目（借） 对方科目（贷） 转账日期　　年　　月　　日 复核　　记账

证表 3

中国建设银行（短期贷款）借款凭证（入账通知）

单位编号：2435　　　　日期：20××年12月1日　　　　银行编号：8569

收款单位	名　称	沈阳实业电机股份有限公司	付款单位	名　称	中国建设银行沈阳分行开发区支行
	往来账号	4030-1100012-134-12		往来账号	660000222
	开户银行	中国建设银行沈阳分行开发区支行		开户银行	中国建设银行沈阳分行开发区支行
借款金额	人民币（大写）壹万元整			百 十 万 千 百 十 元 角 分	¥ 1 0 0 0 0 0 0
借款原因及用途	生产周转		利率	6%	
借款期限			你单位上列借款，已转入你单位结算户内。借款到期时由我行按期自你单位结算账户转还。 此致 （银行盖章） 20××年12月1日		
期限	计划还款日期	计划还款金额			

此联是银行给借款单位的入账通知

证表 4

借　款　单

20××年 12 月 1 日

金额单位：元

借款部门	行政部		借款人	李光
用途	备用金			
借款金额	人民币（大写）壹仟元整		小写 ¥1 000.00	
部门领导审批	李晓华	财务经理 谭红艳	单位领导审批	张光宇

现金付讫

证表 5

借　款　单

20××年12月1日

金额单位：元

借款部门	销售部		借款人	李文
用途	去广州参加产品洽谈会			
借款金额	人民币（大写）叁仟元整		小写 ¥3 000.00	
部门领导审批	郝志远	财务经理 谭红艳	单位领导审批	张光宇

现金付讫

证表 6

中国建设银行 进 账 单（收账通知）　3

20××年12月1日　　第001号

出票人	全称	上海东方公司	收款人	全称	沈阳实业电机股份有限公司
	账号	6227001518830005087		账号	4030-1100012-134-12
	开户银行	中国工商银行上海分行黄浦支行		开户银行	中国建设银行沈阳分行开发区支行

金额 人民币（大写）	伍拾陆万元整	亿	千	百	十	万	千	百	十	元	角	分
				¥	5	6	0	0	0	0	0	0

票据种类	转账支票	票据张数		中国建设银行沈阳分行 开发区支行 收款人开户银行盖章 转讫
票据号码				
复核		记账		

此联是银行给收款人的收账通知

证表 7-1

差旅费报销单

部门：销售部　　20××年12月2日　　金额单位：元

起日		止日		合计天数	各项补助费										车船杂支费							合计金额
					伙食补助			住宿补助			未买卧铺补助			夜间乘硬座超过 12 小时补助	火车费	汽车费	轮船费	飞机费	市内交通	住宿费	其他杂支	
月	日	月	日		天数	标准	金额	天数	标准	金额	票价	标准	金额									
11	28	11	30	3	3	18	54											3 000		600	700	4 354

合计人民币（大写）　肆仟叁佰伍拾肆元整

原借差旅费 5 000 元　　报销 4 354 元　　超支/结余 646 元

出差事由	合同洽谈	出差人	王新

部门领导签字：郝志远　　会计主管签字：谭红艳　　出差人签字：王新　　附单据　　张

证表 7-2

收　据

20××年12月2日　　No：091201

今收到：王新					
人民币（大写）陆佰肆拾陆元整			¥646.00		
事由：王新交回差旅费多余款			现金：√		
			支票：		
收款单位	沈阳实业电机股份有限公司	财务主管	谭红艳	收款人	王建

现金收讫

第二联　记账

证表 8-1

吉林增值税专用发票

发　票　联

No 00562438

开票日期：20××年12月2日

购货单位	名　　称：沈阳实业电机股份有限公司 纳税人识别号：210106868512379 地址、电话：沈阳经济技术开发区388号 024-867236×× 开户行及账号：中国建设银行沈阳分行开发区支行 4030-1100012-134-12				密码区	略	
货物或应税劳务	规格型号	单位	数量	单价	金额	税率	税额
电磁线		吨	35	15 000.00	525 000.00	13%	68 250.00
合计					¥525 000.00		¥68 250.00
价税合计（大写）	⊗伍拾玖万叁仟贰佰伍拾元整			（小写）¥593 250.00			
销货单位	名　　称：吉林通化电磁线厂 纳税人识别号：210107786756765 地址、电话：通化市文化路89号 024-24235647×× 开户行及账号：中国工商银行通化沿江支行 1102023207220680567				备注	结算方式：电汇支付	

吉林通化电磁线厂　210107786756765　发票专用章

收款人：张宁　　复核：李丹　　开票人：张海　　销货单位：（章）

第二联　发票联　购货方记账凭证

证表 8-2

吉林增值税专用发票

发　票　联

No 00563428

开票日期：20××年12月2日

购货单位	名　　称：沈阳实业电机股份有限公司 纳税人识别号：210106868512379 地址、电话：沈阳经济技术开发区388号 024-867236×× 开户行及账号：中国建设银行沈阳分行开发区支行 4030-1100012-134-12				密码区	略	
货物或应税劳务	规格型号	单位	数量	单价	金额	税率	税额
货物运输				3 200.00	3 200.00	9%	288.00
合计					¥3 200.00		¥288.00
价税合计（大写）	⊗叁仟肆佰捌拾捌元整			（小写）¥3 488.00			
销货单位	名　　称：吉林通化联运公司 纳税人识别号：373451673218788 地址、电话：通化市黄河路56号 024-246756×× 开户行及账号：中国工商银行通化沿江支行 1102023207220680567				备注	结算方式：电汇支付	

吉林通化联运公司　373451673218788　发票专用章

收款人：张叶　　复核：钱伟　　开票人：张委　　销货单位：（章）

第二联　发票联　购货方记账凭证

证表 8-3

中国建设银行 电汇凭证（回单） 1

委托日期 20××年12月2日 第 0046 号

汇款人	全称	沈阳实业电机股份有限公司		收款人	全称	吉林通化电磁线厂		
	账号	4030-1100012-134-12			账号	1102023207220680567		
	汇出地点	沈阳	汇出行名称：中国建设银行沈阳分行开发区支行		汇入地点	通化	汇入行名称：中国工商银行通化沿江支行	

汇入金额	人民币（大写）	千	百	十	万	千	百	十	元	角	分
	伍拾玖万陆仟柒佰叁拾捌元整		¥	5	9	6	7	3	8	0	0

汇款用途：采购材料

备注：

单位主管　　会计　　复核　　记账

中国建设银行沈阳分行开发区支行 转讫

汇出银行盖章

20××年12月2日

此联汇出行给汇款人的回单

证表 9-1

辽宁增值税专用发票

发 票 联

No 00563228

开票日期：20××年12月2日

购货单位	名称：沈阳实业电机股份有限公司 纳税人识别号：210106868512379 地址、电话：沈阳经济技术开发区388号 024-867236×× 开户行及账号：中国建设银行沈阳分行开发区支行 4030-1100012-134-12	密码区	略

货物或应税劳务	规格型号	单位	数量	单价	金额	税率	税额
碳结钢		吨	30	5 100.00	153 000.00	13%	19 890.00
合计					¥153 000.00		¥19 890.00
价税合计（大写）	⊗壹拾柒万贰仟捌佰玖拾元整				（小写）	¥172 890.00	

销货单位	名称：和光集团沈阳公司 纳税人识别号：210108654823124 地址、电话：沈阳市和平区南三好街维用大厦604 024-238456×× 开户行及账号：中国工商银行和平支行 9558801001560428850	备注	和光集团沈阳公司 210108654823124 发票专用章 货款暂欠

收款人：李宁　　复核：张华　　开票人：黄海　　销货单位：（章）

第二联 发票联 购货方记账凭证

证表 9-2

材 料 入 库 单

供货单位：和光集团沈阳公司　　凭证编号：20××1201

发票编号：00563228　　20××年12月2日　　收料仓库：1号库

材料名称	计量单位	数量		实际成本/元				计划成本/元	
		应收	实收	单价	买价	运杂费	合计	计划单价	金额合计
碳结钢	吨		30	5 100.00	153 000.00		153 000.00	5 007.00	150 210.00
合计					153 000.00		153 000.00		150 210.00

沈阳实业电机股份有限公司 仓库专用章

部门领导：孙东华　　采购员：王一明　　保管员：陈丽莎

第二联 记账

证表 10-1

领　料　单

领料单位：机加车间　　　　　　　　　　　　　　　　编号：20××11201

用　　途：生产 Y315 电机　　　20××年12月2日　　　　仓库：1号库

材料名称	材料规格	计量单位	数量		单价/元	金额/元
			请领	实发		
碳结钢		吨	60	60	5 007.00	300 420.00
合计			60	60	5 007.00	300 420.00

第二联　记账

部门领导：孙东华　　　　领料人：王小青　　　　保管员：陈丽莎

（印章：沈阳实业电机股份有限公司　仓库专用章）

证表 10-2

领　料　单

领料单位：机加车间　　　　　　　　　　　　　　　　编号：20××11202

用　　途：生产 Y355 电机　　　20××年12月2日　　　　仓库：1号库

材料名称	材料规格	计量单位	数量		单价/元	金额/元
			请领	实发		
碳结钢		吨	55	55	5 007.00	275 385.00
合计			55	55	5 007.00	275 385.00

第二联　记账

部门领导：孙东华　　　　领料人：王小青　　　　保管员：陈丽莎

（印章：沈阳实业电机股份有限公司　仓库专用章）

证表 11

材 料 入 库 单

供货单位：吉林通化电磁线厂　　　　　　　　　　　　凭证编号：20××1202

发票编号：00562438　　　　20××年12月3日　　　　收料仓库：2号库

材料名称	计量单位	数量		实际成本/元				计划成本/元	
		应收	实收	单价	买价	运杂费	合计	计划单价	金额合计
电磁线	吨		35	15 000	525 000.00	3 200.00	528 200.00	14 687.20	514 052.00
合计					525 000.00		528 200.00		514 052.00

第二联　记账

部门领导：孙东华　　　　采购员：张泽　　　　保管员：陈丽莎

（印章：沈阳实业电机股份有限公司　仓库专用章）

证表 12

辽宁增值税专用发票

发　票　联

No 01285676

开票日期：20××年12月3日

购货单位	名　　称：山西煤焦公司 纳税人识别号：2112567456889567 地 址、电 话：山西太原杏花岭小街路6号 0351-803500×× 开户行及账号：中国工商银行山西太原杏花岭支行6455560003-77				密码区	略	
货物或应税劳务	规格型号	单位	数量	单价	金额	税率	税额
电机	Y355	台	40	25 000.00	1 000 000.00	13%	130 000.00
合计					¥1 000 000.00		¥130 000.00
价税合计（大写）	⊗壹佰壹拾叁万元整　　（小写）　¥1 130 000.00						
销货单位	名　　称：沈阳实业电机股份有限公司 纳税人识别号：210106868512379 地 址、电 话：沈阳经济技术开发区388号 024-867236×× 开户行及账号：中国建设银行沈阳分行开发区支行 4030-1100012-134-12				备注	货款暂欠	

第四联　发票联　销售方记账凭证

收款人：王建　　　复核：张涛　　　开票人：李刚　　　销货单位：（章）

（印章：沈阳实业电机股份有限公司　210106868512379　发票专用章）

证表 13-1

领　料　单

领料单位：线圈车间　　　　　　　　　　　　　　　　　编号：20××11203
用　　途：生产Y315电机　　　20××年12月4日　　　　仓库：2号库

材料名称	材料规格	计量单位	数量		单价/元	金额/元
			请领	实发		
电磁线		吨	50	50	14 687.20	734 360.00
合计			50	50	14 687.20	734 360.00

第二联　记账

沈阳实业电机股份有限公司　仓库专用章

部门领导：孙东华　　　　领料人：周大伟　　　　保管员：陈丽莎

证表 13-2

领　料　单

领料单位：线圈车间　　　　　　　　　　　　　　　　　编号：20××11204
用　　途：生产Y355电机　　　20××年12月4日　　　　仓库：2号库

材料名称	材料规格	计量单位	数量		单价/元	金额/元
			请领	实发		
电磁线		吨	50	50	14 687.20	734 360.00
合计			50	50	14 687.20	734 360.00

第二联　记账

沈阳实业电机股份有限公司　仓库专用章

部门领导：孙东华　　　　领料人：周大伟　　　　保管员：陈丽莎

证表 14-1

中国建设银行电汇凭证（收账通知）　4

委托日期 20××年12月4日　　　　　　　　第 0048 号

<table>
<tr><td rowspan="3">汇款人</td><td>全　称</td><td colspan="3">北京大众公司</td><td rowspan="3">收款人</td><td>全　称</td><td colspan="3">沈阳实业电机股份有限公司</td></tr>
<tr><td>账　号</td><td colspan="3">100101040002009</td><td>账　号</td><td colspan="3">4030-1100012-134-12</td></tr>
<tr><td>汇出地点</td><td>北京</td><td>汇出行名称</td><td>中国建设银行北京海淀支行</td><td>汇入地点</td><td>沈阳</td><td>汇入行名称</td><td>中国建设银行沈阳分行开发区支行</td></tr>
<tr><td>汇入金额</td><td colspan="8">人民币（大写）壹佰万元整</td><td>千 百 十 万 千 百 十 元 角 分
¥ 1 0 0 0 0 0 0 0 0</td></tr>
<tr><td colspan="6">汇款用途：货款</td><td colspan="4" rowspan="2">中国建设银行北京海淀支行 转讫
汇出银行盖章
20××年12月4日</td></tr>
<tr><td colspan="6">备注：
单位主管　　会计　　复核　　记账</td></tr>
</table>

此联汇出行给汇款人的回单

证表 14-2

债务重组协议

甲方（债权人）：沈阳实业电机股份有限公司

乙方（债务人）：北京大众公司

20××年2月乙方购买甲方产品，欠货款1 342 000元。由于乙方公司内部调整、资金周转困难，货款一直未能支付给甲方。现双方经多次协调，达成新的付款协议，乙方以1 000 000元，清偿前欠甲方的货款。

本协议自双方签字、盖章开始生效。

甲　　方：沈阳实业电机股份有限公司　　　　乙　　方：北京大众公司

法定代表人：张光宇　　　　　　　　　　　　法定代表人：李庆

20××年12月4日　　　　　　　　　　　　　20××年12月4日

证表 15

深圳证券中央登记结算公司

20×× 年 12 月4日　　　成交过户交割凭证　　买

公司代码：000858 股东账号：000567 股东名称：宜宾市国有资产经营有限公司	证券名称：五粮液 成交数量：3 000 成交价格：120.00元 成交金额：360 000.00元
申请编号： 申请时间： 成交时间： 资金前金额： 资金余额： 证券前余额：0张 本次余额：3 000张	标准佣金：1 080.00元 过户费用：7.20元 印花税： 附加费用： 其他费用： 实际收付金额：361 087.20元
备注：准备短期持有获利	

证表 16-1

税务局专用缴款书

填制日期：　　20××年12月6日　　编号：0212

收款人	全　称	国家税务总局辽宁省税务局	缴款人	全　称	沈阳实业电机股份有限公司
	级　次	省级		账　号	4030-1100012-134-12
	收缴金库	省国库		开户银行	中国建设银行沈阳分行开发区支行

税款所属时期：20××年 11 月			税款限缴日期：20××年 12 月 6 日		
税款名称	计缴基数	比例	扣除比例	应扣金额	应缴金额
增值税	2 772 907.08	13%			360 477.92
实缴合计	人民币（大写）叁拾陆万零肆佰柒拾柒元玖角贰分				¥360 477.92
备注： （缴款单位印章）	（税务机关章）	上列款项已收妥并划转收款单位账户。			

证表 16-2

税务局专用缴款书

填制日期：　　20××年12月6日　　编号：1256

收款人	全　称	国家税务总局沈阳市铁西区分局	缴款人	全　称	沈阳实业电机股份有限公司
	级　次	市级		账　号	4030-1100012-134-12
	收缴金库	市国库		开户银行	中国建设银行沈阳分行开发区支行

税款所属时期：20××年11月			税款限缴日期：20××年12月6日		
税款名称	计缴基数	比例	扣除比例	应扣金额	应缴金额
城市维护建设税	360 477.92	7%			25 233.45
实缴合计	人民币（大写）贰万伍仟贰佰叁拾叁元肆角陆分				¥25 233.45
备注： （缴款单位印章）	（税务机关章）	上列款项已收妥并划转收款单位账户。			

证表 16-3

税务局专用缴款书

填制日期：　20××年12月6日　编号：0628

收款人	全称	国家税务总局沈阳市铁西区分局	缴款人	全称	沈阳实业电机股份有限公司
	级次	市级		账号	4030-1100012-134-12
	收缴金库	市国库		开户银行	中国建设银行沈阳分行开发区支行

税款所属时期：20××年11月　税款限缴日期：20××年12月6日

税款名称	计缴基数	比例	扣除比例	应扣金额	应缴金额
教育费附加	360 477.92	3%			10 814.34
实缴合计	人民币（大写）壹万零捌佰壹拾肆元叁角肆分				¥10 814.34

备注：（缴款单位印章） [印章：沈阳实业电机股份有限公司 财务专用章]	（税务机关章） [印章：国家税务总局沈阳市铁西区分局 征收专用章]	上列款项已收妥并划转收款单位账户。

证表 17-1

辽宁省养老保险金汇缴书

单位名称	沈阳实业电机股份有限公司			汇缴时间：20××年12月										
公积金账号	210106205			汇缴人数：43										
缴交金额	人民币（大写）叁万陆仟元整						十	万	千	百	十	元	角	分
							¥	3	6	0	0	0	0	0
上月汇缴		本月增加汇缴		本月减少汇缴		本月汇缴								
人数	金额	人数	金额	人数	金额	人数	金额							
						43	36 000.00							
付款行	付款账号	支票号码												
						银行盖章 [印章：中国建设银行沈阳分行开发区支行 转讫]								

第一联　银行盖章后交单位记账

证表 17-2

辽宁省失业保险金汇缴书

单位名称	沈阳实业电机股份有限公司			汇缴时间：20××年12月										
公积金账号	210106205			汇缴人数：43										
缴交金额	人民币（大写）壹仟玖佰叁拾伍元整						十	万	千	百	十	元	角	分
								¥	1	9	3	5	0	0
上月汇缴		本月增加汇缴		本月减少汇缴		本月汇缴								
人数	金额	人数	金额	人数	金额	人数	金额							
						43	1 935.00							
付款行	付款账号	支票号码												
						银行盖章 [印章：中国建设银行沈阳分行开发区支行 转讫]								

第一联　银行盖章后交单位记账

证表 17-3

辽宁省医疗保险金汇缴书

单位名称	沈阳实业电机股份有限公司	汇缴时间：20××年12月	
公积金账号	210106205	汇缴人数：43	
缴交金额	人民币（大写）壹万伍仟肆佰捌拾元整	十 万 千 百 十 元 角 分	¥ 1 5 4 8 0 0 0

上月汇缴		本月增加汇缴		本月减少汇缴		本月汇缴	
人数	金额	人数	金额	人数	金额	人数	金额
						43	15 480.00

付款行	付款账号	支票号码

中国建设银行沈阳分行 开发区支行 转讫

银行盖章

第二联 银行盖章后交单位记账

证表 17-4

中国建设银行（辽）
转账支票存根
Ⅵ Ⅱ 14016735
科　　目：银行存款
对方科目：
出票日期：20××年12月6日

收款人：	国家税务总局沈阳市铁西区分局
金　额：	36 000.00
用　途：	缴纳养老保险金
备　注：	

单位主管　　　　会计

证表 17-5

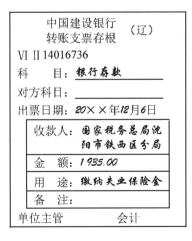

中国建设银行（辽）
转账支票存根
Ⅵ Ⅱ 14016736
科　　目：银行存款
对方科目：
出票日期：20××年12月6日

收款人：	国家税务总局沈阳市铁西区分局
金　额：	1 935.00
用　途：	缴纳失业保险金
备　注：	

单位主管　　　　会计

证表 17-6

中国建设银行 转账支票存根 （辽）
Ⅵ Ⅱ14016737
科　　目：银行存款
对方科目：
出票日期：20××年12月6日
收款人：国家税务总局沈阳市铁西区分局
金　额：15 480.00
用　途：缴纳医疗保险金
备　注：
单位主管　　　会计

证表 18

中国建设银行 进 账 单（收账通知） 3

20××年12月8日　　　　第 005 号

出票人	全　称	山西煤焦公司	收款人	全　称	沈阳实业电机股份有限公司
	账　号	6455560003-77		账　号	4030-1100012-134-12
	开户银行	中国工商银行山西太原杏花岭支行		开户银行	中国建设银行沈阳分行开发区支行

金额	人民币（大写）壹佰壹拾壹万元整	千	百	十	万	千	百	十	元	角	分
		¥	1	1	1	0	0	0	0	0	0

票据种类	转账支票	票据张数		收款人开户银行盖章（中国建设银行沈阳分行开发区支行 转讫）
票据号码				
	复核　　记账			

此联是银行给收款人的收账通知

证表 19-1

中华人民共和国印花税票销售凭证

填发日期：20××年12月8日

纳税人名称	沈阳实业电机股份有限公司				
纳税人识别号	210106868512379				
面值种类	数量	金额	面值种类	数量	金额
壹角票			五元票	100	500.00
贰角票			拾元票	70	700.00
伍角票			伍拾元票		
壹元票			壹佰元票		
贰元票			总计	170	1 200.00
金额总计	人民币（大写）壹仟贰佰元整				
销货单位（盖章）国家税务总局沈阳市铁西区分局		售票人：胡海宁		备注	

证表 19-2

中国建设银行 转账支票存根 （辽）
VI II 34016734
科 目：银行存款
对方科目：
出票日期：20××年12月8日
收款人：国家税务总局沈阳市铁西区分局
金 额：1 200.00
用 途：购买印花税票
备 注：
单位主管 会计

证表 20

中国建设银行 进 账 单（收账通知） 3

20××年12月8日 第 008 号

出票人	全 称	山东渤海公司		收款人	全 称	沈阳实业电机股份有限公司										
	账 号	6422260004-22			账 号	4030-1100012-134-12										
	开户银行	中国工商银行渤海支行			开户银行	中国建设银行沈阳分行开发区支行										
金额		人民币（大写）壹佰贰拾肆万捌仟元整					千	百	十	万	千	百	十	元	角	分
							¥	1	2	4	8	0	0	0	0	0
票据种类		银行承兑汇票	票据张数		收款人开户银行盖章（中国建设银行沈阳分行开发区支行 转讫）											
票据号码																
复核 记账																

此联是银行给收款人的收账通知

证表 21-1

辽宁增值税专用发票

发 票 联

No 01285677

开票日期：20××年12月10日

购货单位	名 称：山东渤海公司 纳税人识别号：6422260004-22 地 址、电 话：济南建国小经三路56号 0531-565832×× 开户行及账号：中国工商银行渤海支行 6422260004-22				密码区	略	
货物或应税劳务	规格型号	单位	数量	单价	金额	税率	税额
电机	Y315	台	120	19 500.00	2 340 000.00	13%	304 200.00
合计					¥2 340 000.00		¥304 200.00
价税合计（大写）	⊗贰佰陆拾肆万肆仟贰佰元整 （小写） ¥2 644 200.00						
销货单位	名 称：沈阳实业电机股份有限公司 纳税人识别号：210106868512379 地 址、电 话：沈阳经济技术开发区388号 024-867236×× 开户行及账号：中国建设银行沈阳分行开发区支行 4030-1100012-134-12				备注	（沈阳实业电机股份有限公司 210106868512379 发票专用章）	

收款人：王建 复核：张涛 开票人：李刚 销货单位：（章）

第四联 发票联 销售方记账凭证

证表21-2　　　　**中国建设银行 进 账 单（收账通知）**　　　　3

20××年12月10日　　　　第 010 号

出票人	全　称	山东渤海公司	收款人	全　称	沈阳实业电机股份有限公司
	账　号	6422260004-22		账　号	4030-1100012-134-12
	开户银行	中国工商银行渤海支行		开户银行	中国建设银行沈阳分行开发区支行

金额	人民币（大写）贰佰陆拾肆万肆仟贰佰元整	千	百	十	万	千	百	十	元	角	分
		¥	2	6	4	4	2	0	0	0	0

票据种类	转账支票	票据张数	
票据号码			
复核　　　记账		收款人开户银行盖章（中国建设银行沈阳分行开发区支行 转讫）	

此联是银行给收款人的收账通知

证表 22

中国建设银行（辽）
现金支票存根
VI Ⅱ34016736
科　　目：银行存款
对方科目：
出票日期：20××年12月12日

收款人：	沈阳实业电机股份有限公司
金　额：	2000.00
用　途：	提现备用
备　注：	

单位主管　　　会计

证表 23　　　　**差旅费报销单**

部门：销售部　　　20××年12月12日　　　金额单位：元

起日		止日		合计天数	各项补助费										船杂支费车							合计金额
					伙食补助			住宿补助			未买卧铺补助			夜间乘硬座超过12小时补助								
月	日	月	日		天数	标准	金额	天数	标准	金额	票价	标准	金额		火车费	汽车费	轮船费	飞机费	市内交通	住宿费	其他杂支	
12	1	12	10	10	10	18	180											2000		2000		4180
合计	人民币（大写）肆仟壹佰捌拾元整																					

原借差旅费 3000 元　　报销 4180 元　　超支/结余 1180 元

出差事由	合同洽谈	出差人	李文

部门领导签字：郝志远　　会计主管签字：谭红艳　　出差人签字：李文　　附单据 3 张

证表 24

辽宁增值税专用发票

发票联

No 01563488

开票日期：20××年12月13日

购货单位	名称：沈阳实业电机股份有限公司 纳税人识别号：210106868512379 地址、电话：沈阳经济技术开发区388号 024-867236×× 开户行及账号：中国建设银行沈阳分行开发区支行4030-1100012-134-12	密码区	略

货物或应税劳务	规格型号	单位	数量	单价	金额	税率	税额
打印纸		包	80	18.00	1 440.00	13%	187.20
碳素笔		盒	120	8.00	960.00	13%	124.80
合　计					¥2 400.00		¥312.00
价税合计（大写）	⊗贰仟柒佰壹拾贰元整			（小写）	¥2 712.00		

销货单位	名称：沈阳市特百惠商场 纳税人识别号：373451673218788 地址、电话：沈阳市忠江路56号 024-256356×× 开户行及账号：中国工商银行沈阳忠江支行 621081073000786	备注	结算方式：现金 （沈阳市特百惠商场 373451673218788 发票专用章）

收款人：李娜　　复核：钱宏伟　　开票人：张军　　销货单位：（章）

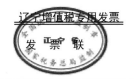

第二联 发票联 购货方记账凭证

证表 25-1

辽宁增值税专用发票

发票联

No 01563489

开票日期：20××年12月14日

购货单位	名称：沈阳实业电机股份有限公司 纳税人识别号：210106868512379 地址、电话：沈阳经济技术开发区388号 024-867236×× 开户行及账号：中国建设银行沈阳分行开发区支行 4030-1100012-134-12	密码区	略

货物或应税劳务	规格型号	单位	数量	单价	金额	税率	税额
广告费					5 800.00	6%	348.00
合计					¥5 800.00		¥348.00
价税合计（大写）	⊗陆仟壹佰肆拾捌元整			（小写）	¥6 148.00		

销货单位	名称：辽宁新视野广告公司 纳税人识别号：373451673218700 地址、电话：沈阳市忠江路99号 024-256399×× 开户行及账号：中国工商银行沈阳忠江支行 621081073412531	备注	结算方式：转账支付 （辽宁新视野广告公司 373451673218700 发票专用章）

收款人：马娜　　复核：钱宏　　开票人：张任　　销货单位：（章）

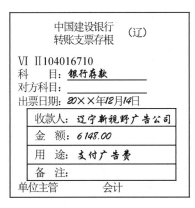

第二联 发票联 购货方记账凭证

证表 25-2

中国建设银行
转账支票存根　（辽）

VI Ⅱ104016710

科　　目：银行存款

对方科目：

出票日期：20××年12月14日

收款人：	辽宁新视野广告公司
金　额：	6 148.00
用　途：	支付广告费
备　注：	

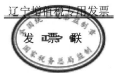

单位主管　　会计

证表 26

中国建设银行 银行汇票（存　根）　　1　　本票号码

委托日期（大写）贰零某某年壹拾贰月壹拾伍日　　第0234号

收款人	全　称	大连海螺水泥公司	汇款人	全　称	沈阳实业电机股份有限公司
	账　号	6222020403014276451		账　号	4030-1100012-134-12
	开户银行	中国工商银行大连开发区支行		开户银行	中国建设银行沈阳分行开发区支行

金额	人民币（大写）贰万元整	千	百	十	万	千	百	十	元	角	分
				¥	2	0	0	0	0	0	0

中国建设银行沈阳分行开发区支行 汇票专用章 XXXXXX 付出银行（盖章） 复核　　会计	汇票签发人（盖章） 负责　　　经办	科目（借） 对方科目（贷） 转账日期　　年　月　日 复核　　记账
备注：用于购买水泥		

此联出票人存查

证表 27-1

辽宁省住房公积金汇缴书

单位名称	沈阳实业电机股份有限公司	汇缴时间：20××年12月
公积金账号	210106205	汇缴人数：43人

缴交金额	人民币（大写）叁万陆仟元整	十	万	千	百	十	元	角	分
		¥	3	6	0	0	0	0	0

上月汇缴		本月增加汇缴		本月减少汇缴		本月汇缴	
人数	金额	人数	金额	人数	金额	人数	金额
						43	36 000.00

付款行	付款账号	支票号码

中国建设银行沈阳分行开发区支行 转讫

银行盖章

第一联　银行盖章后交单位记账

证表 27-2

中国建设银行
转账支票存根　（辽）

Ⅵ Ⅱ 304016750

科　　目：银行存款

对方科目：

出票日期：20××年12月15日

收款人：	住房公积金管理办公室
金　额：	36 000.00
用　途：	缴纳住房公积金
备　注：	

单位主管　　　　会计

证表 28-1

辽宁增值税专用发票

发　票　联

No 00663228

开票日期：20××年12月15日

购货单位	名　　称：沈阳实业电机股份有限公司 纳税人识别号：210106868512379 地 址、电 话：沈阳经济技术开发区388号 024-867236×× 开户行及账号：中国建设银行沈阳分行开发区支行 4030-1100012-134-12					密码区	略
货物或应税劳务	规格型号	单位	数量	单价	金额	税率	税额
水泥		吨	40	500.00	20 000.00	13%	2 600.00
合计					¥20 000.00		¥2 600.00
价税合计（大写）	⊗贰万贰仟陆佰元整			（小写）	¥22 600.00		
销货单位	名　　称：大连海螺水泥公司 纳税人识别号：210109654823165 地 址、电 话：大连市滨海路88号 0411-543367×× 开户行及账号：中国工商银行大连开发区支行 6222020403014276451					备注	结算方式：转账支付、银行汇票支付

收款人：李宁　　复核：张华　　开票人：黄海　　销货单位：（章）

第二联　发票联　购货方记账凭证

证表 28-2

材料入库单

供货单位：大连海螺水泥公司　　凭证编号：20××1203

发票编号：00663228　　20××年12月15日　　收料仓库：5号库

材料名称	材料规格	计量单位	数量		金额/元			
			应收	实收	单价	买价	运杂费	合计
水泥		吨		40	500.00	20 000.00		
合计						20 000.00		

部门领导：孙东华　　采购员：张明　　保管员：陈丽莎

第二联　记账

证表 28-3

领　料　单

领料单位：机加车间　　编号：20××11205

用　　途：车间扩建　　20××年12月15日　　仓库：5号库

材料名称	材料规格	计量单位	数量		单价/元	金额/元
			请领	实发		
水泥		吨	40	40	500.00	20 000.00
合计			40	40	500.00	20 000.00

部门领导：孙东华　　领料人：王小青　　保管员：陈丽莎

第二联　记账

证表 28-4

中国建设银行 电汇凭证（回单）　　1

委托日期 20××年12月15日　　第0047号

<table>
<tr><td rowspan="3">汇款人</td><td>全称</td><td colspan="3">沈阳实业电机股份有限公司</td><td rowspan="3">收款人</td><td>全称</td><td colspan="3">大连海螺水泥公司</td></tr>
<tr><td>账号</td><td colspan="3">4030-1100012-134-12</td><td>账号</td><td colspan="3">6222020403014276451</td></tr>
<tr><td>汇出地点</td><td>沈阳</td><td>汇出行名称</td><td>中国建设银行沈阳分行开发区支行</td><td>汇入地点</td><td>大连</td><td>汇入行名称</td><td>中国工商银行大连开发区支行</td></tr>
<tr><td>汇入金额</td><td colspan="8">人民币（大写）贰仟陆佰元整</td><td>千 百 十 万 千 百 十 元 角 分
¥ 2 6 0 0 0 0</td></tr>
<tr><td colspan="8">汇款用途：补付货款
备注：

单位主管　会计　复核　记账</td><td colspan="2">中国建设银行沈阳分行开发区支行
汇出银行盖章
20××年12月16日</td></tr>
</table>

此联汇出行给汇款人的回单

证表 29-1

沈阳市技术贸易专用发票

发　票　联　　No：008

付款单位：沈阳实业电机股份有限公司　　开票日期：20××年12月16日

<table>
<tr><td>合同项目名称</td><td colspan="12">Y315电机改进专利</td></tr>
<tr><td rowspan="2">合同类别</td><td rowspan="2">合同类别</td><td rowspan="2">支付方式</td><td rowspan="2">技术贸易额</td><td colspan="8">合同成交额</td></tr>
<tr><td>十</td><td>万</td><td>千</td><td>百</td><td>十</td><td>元</td><td>角</td><td>分</td></tr>
<tr><td>技术类</td><td></td><td>转账</td><td>8 000.00</td><td></td><td>¥</td><td>8</td><td>0</td><td>0</td><td>0</td><td>0</td><td>0</td></tr>
<tr><td></td><td></td><td></td><td></td><td></td><td></td><td></td><td></td><td></td><td></td><td></td><td></td></tr>
<tr><td></td><td></td><td></td><td></td><td></td><td></td><td></td><td></td><td></td><td></td><td></td><td></td></tr>
<tr><td>金额</td><td colspan="11">人民币（大写）捌仟元整</td></tr>
</table>

（印章：国家知识产权局专利局沈阳代办处 发票专用章）

收款单位：国家知识产权局专利局沈阳代办处　　收款人：吴浩　　复核人：　　制票人：王悦

证表 29-2

中国建设银行
转账支票存根　（辽）

VI Ⅱ105016759

科　　目：银行存款

对方科目：

出票日期：20××年12月16日

收款人：	国家知识产权局专利局沈阳代办处
金　额：	8 000.00
用　途：	付申请专利费
备　注：	

单位主管　　会计

证表 30-1

吉林增值税专用发票

发 票 联

No 11020000

开票日期：20××年12月17日

购货单位	名称：沈阳实业电机股份有限公司 纳税人识别号：210106868512379 地址、电话：沈阳经济技术开发区388号 024-867236×× 开户行及账号：中国建设银行沈阳分行开发区支行 4030-1100012-134-12				密码区	略	
货物或应税劳务	规格型号	单位	数量	单价	金额	税率	税额
货车		辆	1	80 000.00	80 000.00	13%	10 400.00
合计					¥80 000.00		¥10 400.00
价税合计（大写）	⊗玖万零肆佰元整			（小写）	¥90 400.00		
销货单位	名称：吉林万方汽车制造有限公司 纳税人识别号：210208000223649 地址、电话：长春市经济开发区80号 0431-664078×× 开户行及账号：中国工商银行长春四方支行 6222022201005011418				备注	吉林万方汽车制造有限公司 210208000223649 发票专用章 结算方式：转账支付	

第二联 发票联 购货方记账凭证

收款人：王璐　　复核：王娜　　开票人：李华　　销货单位：（章）

证表 30-2

中国建设银行 电汇凭证（回单） 1

委托日期 20××年12月17日　　第 0049 号

汇款人	全称	沈阳实业电机股份有限公司		收款人	全称	吉林万方汽车制造有限公司	
	账号	4030-1100012-134-12			账号	6222022201005011418	
	汇出地点	沈阳	汇出行名称：中国建设银行沈阳分行开发区支行		汇入地点	通化	汇入行名称：中国工商银行长春四方支行
汇入金额	人民币（大写）玖万零肆佰元整					千百十万千百十元角分	¥ 9 0 4 0 0 0 0
汇款用途：购车					中国建设银行沈阳分行开发区支行 汇出银行盖章 20××年12月17日		
备注：							
单位主管	会计	复核	记账				

此联汇出行给汇款人的回单

证表 30-3

固定资产交接验收单

20××年12月17日　　金额单位：元

名称	规格型号	单位	数量	价格	其他
运输货车	CA142	辆	1	80 000.00	
合计	人民币（大写）捌万元整			人民币（小写）¥80 000.00	
使用部门	销售部			预计使用年限	10年

单位主管：张光宇　　制单：陶宁　　接收人：郝志远

证表 31

应付利息计算表

借款种类	计算过程	预提利息/元
长期借款	4 000 000×9%×1/12=30 000.00	60 000.00
合计		90 000.00

证表 32

领　料　单

领料单位：机加车间　　　　编号：20××11206

用　　途：生产用　　20××年12月18日　　仓库：8号库

材料名称	材料规格	计量单位	数量/个		单价/元	金额/元
			请领	实发		
模具			60	60	500.00	30 000.00
合计			60	60	500.00	30 000.00

第二联　记账

（印章：沈阳实业电机股份有限公司 仓库专用章）

部门领导：孙东华　　领料人：张洋　　保管员：陈丽莎

证表 33

深圳证券中央登记结算公司

20××年12月18日　　成交过户交割凭证　　卖

公司代码：000858 股东账号：5325678 股东名称：宜宾市国有资产经营有限公司	证券名称：五粮液 成交数量：3 000 成交价格：135.00 成交金额：405 000.00
申请编号： 申请时间： 成交时间： 资金前金额：0.00 资金余额： 证券前余额： 本次余额：0张	标准佣金：1 215.00 过户费用：8.10 印花税：405.00 附加费用： 其他费用： 实际收付金额：403 371.90
备注：	

证表 34-1

固定资产报废清理单

No：008

企业名称：沈阳实业电机股份有限公司　　20××年12月18日签发　　金额单位：元

主管部门：行政部				使用单位：生产部门					
名称	单位	数量	原始价值	已提折旧	净值	预计使用年限	实际使用年限	残料变价收入	保险赔款
机床	台	1	100 000.00	90 000.00	10 000.00	10	9年	5 000.00	
购买年份	20××年			报废原因	正常报废		处理意见	作为营业外支出处理	
部门负责人	李晓华			公司负责人	张光宇				

（印章：沈阳实业电机股份有限公司 财务专用章）

单位公章：　　复核：刘晓立　　制单：陶宁

证表 34-2

收　据

20××年12月18日　　No：3881551

今收到：废品收购站					
人民币（大写）伍仟元整			¥5 000.00		
事由：残料变价收入　现金收讫			现金：√		
			支票		
收款单位	沈阳实业电机股份有限公司	财务主管	谭红艳	收款人	王建

第二联　记账

证表 35-1

领　料　单

领料单位：机加车间　　编号：20××11207

用　　途：车间一般耗用　　20××年12月19日　　仓库：1号库

材料名称	材料规格	计量单位	数量		单价/元	金额/元
			请领	实发		
碳结钢		吨	1	1	5 007.00	5 007.00
合计			1	1	5 007.00	5 007.00

（沈阳实业电机股份有限公司 仓库专用章）

第二联　记账

部门领导：孙东华　　领料人：王小青　　保管员：陈丽莎

证表 35-2

领　料　单

领料单位：线圈车间　　编号：20××11208

用　　途：车间一般耗用　　20××年12月19日　　仓库：1号库

材料名称	材料规格	计量单位	数量		单价/元	金额/元
			请领	实发		
碳结钢		吨	1	1	5 007.00	5 007.00
合计			1	1	5 007.00	5 007.00

（沈阳实业电机股份有限公司 仓库专用章）

第二联　记账

部门领导：孙东华　　领料人：李大发　　保管员：陈丽莎

证表 36

贴现凭证（收账通知）　4

申请日期　20××年12月20日　　第 001 号

贴现汇票	贴现汇票种类	银行承兑汇票	持票人	全　称	沈阳实业电机股份有限公司
	出票日	20××年12月1日		账　号	4030-1100012-134-12
	到期日	20××年3月1日		开户银行	中国建设银行沈阳分行开发区支行
汇票金额	人民币（大写）肆拾伍万贰仟元整			千百十万千百十元角分	¥ 4 5 2 0 0 0 0 0
贴现率	8%	贴现利息	7 238.53	实付贴现金额	451 541.47
汇票承兑人名称				账号开户行	（略）
贴现款项已入你单位账户 银行（盖章）	备注：				

此联银行给持票人的收账通知

证表 37-1

领　料　单

领料单位：装配车间　　　　　　　　　　　　　　　　　编号：20××11209

用　　途：制作电机底座　　　　20××年12月20日　　　　仓库：3号库

材料名称	材料规格	计量单位	数量		单价/元	金额/元
			请领	实发		
木材		立方米	1 000	1 000	160.00	160 000.00
合计			1 000	1 000	160.00	160 000.00

沈阳实业电机股份有限公司 仓库专用章

第二联 记账

部门领导：孙东华　　　　领料人：张小雷　　　　保管员：陈丽莎

证表 37-2

领　料　单

领料单位：装配车间　　　　　　　　　　　　　　　　　编号：20××112010

用　　途：喷漆　　　　20××年12月20日　　　　仓库：4号库

材料名称	材料规格	计量单位	数量		单价/元	金额/元
			请领	实发		
油漆		公斤	500	500	100.00	50 000.00
合计			500	500	100.00	50 000.00

沈阳实业电机股份有限公司 仓库专用章

第二联 记账

部门领导：孙东华　　　　领料人：张小雷　　　　保管员：陈丽莎

证表 38

工资费用汇总分配表

单位名称：沈阳实业电机股份有限公司　　20××年12月20日　　　　金额单位：元

车间、部门	应借科日	应分配金额
车间生产工人—机加车间工人—Y315		
—Y355		
—线圈车间工人—Y315		
—Y355		
—装配车间工人—Y315		
—Y355		
车间管理人员—机加车间管理人员		
—线圈车间管理人员		
—装配车间管理人员		
机修车间工人		
动力车间工人		
行政部人员		
销售部人员		
合计		

单位主管：张光宇　　　财务主管：谭红艳　　　复核：陶宁　　　制单：张亮

证表 39

中国建设银行 现金支票存根 （辽）
Ⅵ Ⅱ34016739
科　　目：银行存款
对方科目：
出票日期：20××年12月21日
收款人：沈阳实业电机股份有限公司
金　额：575 100.00
用　途：发放工资
备　注：
单位主管　　会计

证表 40　　**养老、医疗、失业保险和住房公积金计提表**

单位名称：沈阳实业电机股份有限公司　　20××年12月21日　　金额单位：元

计提项目	计提依据	养老保险（计提比例为20%）	医疗保险（计提比例为8%）	失业保险（计提比例为2%）	住房公积金（计提比例为8%）
社保、公积金	710 000.00	142 000.00	56 800.00	14 200.00	56 800.00
合计	710 000.00	142 000.00	56 800.00	14 200.00	56 800.00

财务主管：谭红艳　　复核：陶宁　　制单：王宇

证表 41-1　　**职工教育经费计提表**

单位名称：沈阳实业电机股份有限公司　　20××年12月21日　　金额单位：元

计提项目	计提基数	计提比例	计提金额
职工教育经费	710 000.00	2%	14 200.00

财务主管：谭红艳　　复核：陶宁　　制单：王宇

证表 41-2　　**工会经费计提表**

单位名称：沈阳实业电机股份有限公司　　20××年12月21日　　金额单位：元

计提项目	计提基数	计提比例	计提金额
工会经费	710 000.00	2%	14 200.00

财务主管：谭红艳　　复核：陶宁　　制单：王宇

证表 42

工资结算汇总表

金额单位：元

车间、部门		应付工资	代扣款项				实发工资
			养老保险（8%）	医疗保险（2%）	失业保险（1%）	住房公积金（8%）	
机加车间	生产工人（60人）	200 000.00	16 000.00	4 000.00	2 000.00	16 000.00	162 000.00
	管理人员（8人）	30 000.00	2 400.00	600.00	300.00	2 400.00	24 300.00
线圈车间	生产工人（58人）	180 000.00	14 400.00	3 600.00	1 800.00	14 400.00	145 800.00
	管理人员（8人）	25 000.00	2 000.00	500.00	250.00	2 000.00	20 250.00
装配车间	生产工人（30人）	100 000.00	8 000.00	2 000.00	1 000.00	8 000.00	8 1000.00
	管理人员（5人）	15 000.00	1 200.00	300.00	150.00	1 200.00	12 150.00
机修车间（10人）		30 000.00	2 400.00	600.00	300.00	2 400.00	24 300.00
动力车间（8人）		22 000.00	1 760.00	440.00	220.00	1 760.00	17 820.00
行政部（10人）		50 000.00	4 000.00	1 000.00	500.00	4 000.00	40 500.00
销售部（12人）		58 000.00	4 640.00	1 160.00	580.00	4 640.00	46 980.00
合计		710 000.00	56 800.00	14 200.00	7 100.00	56 800.00	575 100.00

证表 43

中国建设银行 银行承兑汇票

2

出票日期（大写）　贰零××年壹拾贰月贰拾贰日　　　　汇票号码

出票人全称	沈阳实业电机股份有限公司	收款人	全　　称	小岭钢铁厂
出票人账号	4030-1100012-134-12		账　　号	622132142343534298
付款行全称	中国建设银行沈阳分行开发区支行		开户银行	中国工商银行沈阳小岭支行

汇票金额	人民币（大写）壹佰贰拾万元整	千	百	十	万	千	百	十	元	角	分
		¥	1	2	0	0	0	0	0	0	0

汇票到期日（大写）	贰零××年壹拾贰月贰拾贰日	承兑协议编号	7458

[中国建设银行沈阳分行开发区支行 汇票专用章 XXXXXX] 收款人开户银行（盖章） 复核　会计	汇票签发人（盖章） 负责　　　经办 备注：	科目（借） 对方科目（贷） 转账日期　　年　月　日 复核　　记账

证表 44-1

财产清查报告表

单位名称：沈阳实业电机股份有限公司　　20××年12月23日　　金额单位：元

名称	单位	单价	数量		盘亏		盘盈		原因
			实存	账存	数量	金额	数量	金额	
机床	台						1	50 000.00	待查
合计								50 000.00	

财务主管：谭红艳　管理员：李明远　审批：刘波　保管员：郤宜　制单：王宇

证表 44-2

财产清查盘亏（盈）处理通知单

存货清查盘点时发现溢余机床一台，计入以前年度损益调整。

财务经理：谭红艳
总经理：张光宇
20××年12月23日

证表 45

坏账确认通知书

山东渤海公司的一笔应收账款6 000元，经确认作为坏账处理。

财务经理：谭红艳
总经理：张光宇
20××年12月23日

证表 46-1

辽宁增值税专用发票

发票联

No 01285678

开票日期：20××年12月23日

购货单位		密码区	
名称：沈阳水务集团 纳税人识别号：2112567456889567 地址、电话：沈阳青年大街文艺路8号 024-885287×× 开户行及账号：中国工商银行沈阳二支行6455568883-99			略

货物或应税劳务	规格型号	单位	数量	单价	金额	税率	税额
电机	Y315	台	200	21 000.00	4 200 000.00	13%	546 000.00
电机	Y355	台	150	26 000.00	3 900 000.00	13%	507 000.00
合计					¥8 100 000.00		¥1 053 000.00

价税合计（大写）⊗玖佰壹拾伍万叁仟元整　（小写）¥9 153 000.00

销货单位	备注
名称：沈阳实业电机股份有限公司 纳税人识别号：210106868512379 地址、电话：沈阳经济技术开发区388号 024-867236×× 开户行及账号：中国建设银行沈阳分行开发区支行4030-1100012-134-12	结算方式：转账支付 （印章：沈阳实业电机股份有限公司 210106868512379 发票专用章）

收款人：王建　复核：张涛　开票人：李刚　销货单位：（章）

第四联 发票联 销售方记账凭证

证表 46-2

中国建设银行 进 账 单（收账通知） 3

20××年12月23日　　　　第 012 号

出票人	全　称	沈阳水务集团	收款人	全　称	沈阳实业电机股份有限公司
	账　号	6455568883-99		账　号	4030-1100012-134-12
	开户银行	中国工商银行沈阳二支行		开户银行	中国建设银行沈阳分行开发区支行

		千	百	十	万	千	百	十	元	角	分
金额	人民币（大写）玖佰壹拾伍万叁仟元整	¥	9	1	5	3	0	0	0	0	0

票据种类	转账支票	票据张数	
票据号码			

复核　　记账

中国建设银行沈阳分行开发区支行 转讫

收款人开户银行盖章

此联是银行给收款人的收账通知

证表 47-1

辽宁增值税专用发票

发　票　联

No 00286556

开票日期：20××年12月25日

购货单位	名　　称：沈阳实业电机股份有限公司 纳税人识别号：210106868512379 地 址、电 话：沈阳经济技术开发区388号 024-867236×× 开户行及账号：中国建设银行沈阳分行开发区支行 4030-1100012-134-12	密码区	略

货物或应税劳务	规格型号	单位	数量	单价	金额	税率	税额
电费		度	120 000	1.50	180 000.00	13%	23 400.00
合计					¥180 000.00		¥23 400.00
价税合计（大写）	⊗贰拾万叁仟肆佰元整				（小写）¥203 400.00		

销货单位	名　　称：国网沈阳供电公司 纳税人识别号：210120888875852 地 址、电 话：沈阳经济技术开发区232号 024-867297×× 开户行及账号：中国工商银行沈阳分行开发区支行 6433363213-10	备注	结算方式：转账支付 国网沈阳供电公司 210120888875852 发票专用章

收款人：张璐　　复核：李侠　　开票人：孙雨　　销货单位：（章）

第二联 发票联 购买方记账凭证

证表 47-2

委托收款凭证（付款通知）

委托日期：20××年12月25日　　No 20××1221

付款人	全　称	沈阳实业电机股份有限公司	收款人	全　称	国网沈阳供电公司
	账　号	4030-1100012-134-12		账　号	6433363213-10
	开户银行	中国建设银行沈阳分行开发区支行		开户银行	中国工商银行沈阳分行开发区支行

委托收款金额	人民币（大写）	贰拾万零叁仟肆佰元整	百	十	万	千	百	十	元	角	分
			¥	2	0	3	4	0	0	0	0

款项内容	电费	委托收款凭据名称	转账	附寄单证张数	
备注： 复核　　记账	电划	付款人注意： 1.应于见票的当口通知开户银行划款。 2.如需拒付，应在规定期限内，将拒付理由书并附债务证明退交开户银行。			

中国建设银行沈阳分行 开发区支行 转讫

证表 48

辅助生产提供用电数量表

20××年12月　　单位：kW·h

部门	机加车间		线圈车间		装配车间		机修车间	动力车间	行政部		销售部		合计
	生产用	管理用	生产用	管理用	生产用	管理用			生产用	管理用	生产用	管理用	
用电量	40 000		35 000		25 000		8 000	3 000		4 000		5 000	120 000

证表 49-1

辽宁增值税专用发票

全国统一发票监制章 辽宁省 国家税务总局监制

发　票　联

No 01256693

开票日期：20××年12月25日

购货单位	名　　称：沈阳实业电机股份有限公司 纳税人识别号：210106868512379 地 址 、电 话：沈阳经济技术开发区388号 024-867236×× 开户行及账号：中国建设银行沈阳分行开发区支行 4030-1100012-134-12	密码区	略

货物或应税劳务	规格型号	单位	数量	单价	金额	税率	税额
水费		立方米	10 000	5.00	50 000.00	10%	5 000.00
合计					¥50 000.00		¥5 000.00
价税合计（大写）	⊗伍万伍仟元整		（小写）¥55 000.00				

销货单位	名　　称：沈阳市水务局自来水总公司 纳税人识别号：210120888875829 地 址 、电 话：沈阳市白山路232号 024-578973×× 开户行及账号：中国建设银行沈阳分行开发区支行 4030-1100012-434-54	备注	结算方式：转账支付 沈阳市水务局自来水总公司 210120888875829 发票专用章

收款人：张璐　　复 核：李侠　　开票人：孙雨　　销货单位：（章）

第二联 发票联 购买方记账凭证

证表 49-2

委托收款凭证（付款通知）

委托日期：20××年12月25日　　　　No 20××1231

<table>
<tr><td rowspan="3">付款人</td><td>全　　称</td><td colspan="3">沈阳实业电机股份有限公司</td><td rowspan="3">收款人</td><td>全　　称</td><td colspan="9">沈阳市自来水总公司</td></tr>
<tr><td>账　　号</td><td colspan="3">4030-1100012-134-12</td><td>账　　号</td><td colspan="9">4030-1100012-434-54</td></tr>
<tr><td>开户银行</td><td colspan="3">中国建设银行沈阳分行开发区支行</td><td>开户银行</td><td colspan="9">中国建设银行沈阳分行开发区支行</td></tr>
<tr><td colspan="2" rowspan="2">委托收款金额</td><td colspan="5" rowspan="2">人民币（大写）伍万伍仟元整</td><td>百</td><td>十</td><td>万</td><td>千</td><td>百</td><td>十</td><td>元</td><td>角</td><td>分</td></tr>
<tr><td></td><td>¥</td><td>5</td><td>5</td><td>0</td><td>0</td><td>0</td><td>0</td><td>0</td></tr>
<tr><td colspan="2">款项内容</td><td>水费</td><td colspan="2">委托收款凭据名称</td><td colspan="2">转账</td><td colspan="4">附寄单证张数</td><td colspan="5"></td></tr>
<tr><td colspan="2">备注：

复核　　　记账</td><td colspan="3">电划</td><td colspan="11">付款人注意：
1.应于见票的当日通知开户银行划款。
2.如需拒付，应在规定期限内，将拒付理由书并附债务证明退交开户银行。</td></tr>
</table>

中国建设银行沈阳分行 开发区支行 转讫

证表 49-3

水费分配表

20××年12月25日　　　　金额单位：元

部门	机加车间	线圈车间	装配车间	机修车间	动力车间	行政部	销售部	合计
耗用金额	15 000.00	18 000.00	8 000.00	3 000.00	3 000.00	1 000.00	2 000.00	50 000.00

证表 50

折旧费用分配表

20××年12月30日　　　　金额单位：元

应借科目	部门	本月固定资产折旧金额
制造费用	机加车间	
	线圈车间	
	装配车间	
	小计	
辅助生产成本	机修车间	
	动力车间	
	小计	
管理费用	行政部	
销售费用	销售部	
合计		

证表 51

材料的成本差异率计算表

20××年12月30日　　　　金额单位：元

月初结存材料		本月购入材料		材料成本差异率
计划成本	差异额	计划成本	差异额	

证表 52　　**辅助生产费用分配表**

20××年12月30日　　金额单位：元

项目	辅助费用	分配率	机加车间		线圈车间		装配车间		行政部		销售部	
			工时/小时	分配费用	工时/小时	分配费用	工时/小时	分配费用	工时/小时	分配费用	工时/小时	分配费用
机修车间												
动力车间												

证表 53　　**车间制造费用分配表**

20××年12月30日　　金额单位：元

车间	产品	工时/小时	分配率/%	制造费用分配额
机加车间	Y315			
	Y355			
	合计			
线圈车间	Y315			
	Y355			
	合计			
装配车间	Y315			
	Y355			
	合计			

证表 54-1　　**车间生产成本计算表**

产品名称：

车间名称：机加车间　　20××年12月30日　　金额单位：元

成本项目	月初在产品成本	本月生产费用	费用合计	分配率/%	完工产品成本	月末在产品成本
直接材料						
直接人工						
制造费用						
合计						

制表：

证表 54-2　　**车间生产成本计算表**

产品名称：

车间名称：机加车间　　20××年12月30日　　金额单位：元

成本项目	月初在产品成本	本月生产费用	费用合计	分配率/%	完工产品成本	月末在产品成本
直接材料						
直接人工						
制造费用						
合计						

制表：

证表 54-3

车间生产成本计算表

产品名称：

车间名称：线圈车间　　20××年12月30日　　金额单位：元

成本项目	月初在产品成本	本月生产费用	费用合计	分配率/%	完工产品成本	月末在产品成本
直接材料						
直接人工						
制造费用						
合计						

制表：

证表 54-4

车间生产成本计算表

产品名称：

车间名称：线圈车间　　20××年12月30日　　金额单位：元

成本项目	月初在产品成本	本月生产费用	费用合计	分配率/%	完工产品成本	月末在产品成本
直接材料						
直接人工						
制造费用						
合计						

制表：

证表 54-5

车间生产成本计算表

产品名称：

车间名称：装配车间　　20××年12月30日　　金额单位：元

成本项目	直接材料	直接人工	制造费用	合计
期初余额				
机加车间转入				
线圈车间转入				
本月投入				
合计				
分配率/%				
完工产品成本				
在产品成本				
合计				

制表：

证表 54-6

车间生产成本计算表

产品名称：

车间名称：装配车间　　20××年12月30日　　金额单位：元

成本项目	直接材料	直接人工	制造费用	合计
期初余额				
机加车间转入				
线圈车间转入				
本月投入				
合计				
分配率/%				
完工产品成本				
在产品成本				
合计				

财务主管：谭红艳　　复核：陶宁　　制单：王宇

证表 55

完工产品成本计算表

20××年12月30日　　金额单位：元

成本项目	产品名称：Y315电机 产量：		产品名称：Y355电机 产量：		合计
	总成本	单位成本	总成本	单位成本	
直接材料					
直接人工					
制造费用					
合计					

财务主管：谭红艳　　复核：陶宁　　制单：王宇

证表 56

坏账准备计提表

20××年12月30日　　金额单位：元

项目	账面余额	计提比例	账面已有数	应补提（或冲减数）
应收账款		0.5%		
合计				

财务主管：谭红艳　　复核：陶宁　　制单：王宇

证表 57

无形资产摊销表

20××年12月30日　　金额单位：元

费用项目	本月摊销额	未摊销额
专利权	25 000.00	575 000.00
合计	25 000.00	575 000.00

财务主管：谭红艳　　复核：陶宁　　制单：王宇

证表 58

通　知

因技术发展，公司原有的专利技术已贬值，根据专家预测，贬值金额为10 000元，故本期计提无形资产减值准备10 000元。

财务经理：谭红艳
20××年12月30日

证表 59

应交增值税计算表

20××年12月30日　　金额单位：元

项目	借方			贷方		
	进项税额	已交税金	转出未交增值税	销项税额	进项税额转出	转出多交增值税
金额						

财务主管：谭红艳　　复核：陶宁　　制单：王宇

证表 60

应交城市维护建设税及教育费附加计算表

20××年12月30日　　金额单位：元

项目	计税依据	计税金额	适用税（费）率	应交税额	备注
城市维护建设税	应交增值税		7%		
教育费附加	应交增值税		3%		
合计					

财务主管：谭红艳　　复核：陶宁　　制单：王宇

证表 61

产品销售成本计算表

20××年12月30日　　金额单位：元

产品名称	销售数量	单位成本	销售成本
Y315电机			
Y355电机			
合计			

财务主管：谭红艳　　复核：陶宁　　制单：王宇

证表 62

应交房产税、城镇土地使用税计算表

20××年12月30日　　金额单位：元

项目	计税依据	计税金额	适用税（费）率	应交税额	备注
房产税	略	略	略	31 320.00	
城镇土地使用税	略	略	略	2 000.00	
合计				33 320.00	

财务主管：谭红艳　　复核：陶宁　　制单：王宇

证表 63

沈阳实业电机股份有限公司内部转账单

20××年12月30日　　转　号

摘要	金额/元
主营业务收入转入“本年利润”	
其他业务收入转入“本年利润”	
营业外收入转入“本年利润”	
合计	

财务主管：谭红艳　　复核：陶宁　　制单：王宁

证表 64

沈阳实业电机股份有限公司内部转账单

20××年12月30日　　转　号

摘要	金额/元
主营业务成本转入“本年利润”	
税金及附加转入“本年利润”	
财务费用转入“本年利润”	
管理费用转入“本年利润”	
销售费用转入“本年利润”	
营业外支出转入“本年利润”	
合计	

财务主管：谭红艳　　复核：陶宁　　制单：王宁

证表 65

应交所得税计算表

企业名称：沈阳实业电机股份有限公司　20××年12月30日　　金额单位：元

项目		金额
本年实现利润		
企业所得税纳税调增项目		
企业所得税纳税调减项目		
应纳税所得额		
所得税税率		25%
应交所得税		

财务主管：谭红艳　　复核：陶宁　　制单：王宁

证表 66

税后利润分配计算表

企业名称：沈阳实业电机股份有限公司　20××年12月30日　　金额单位：元

税前利润总额	所得税费用	计提基数	法定盈余公积金		任意盈余公积金		应付股利	
			计提比例	计提额	计提比例	计提额	分配比例	分配额

财务主管：谭红艳　　复核：陶宁　　制单：王宁

第二编

会计核算模拟实验的账页及报表

第五章

日记账

专业：

学校：

班级：

学生姓名：

账户目录

账户名称	账页	账户名称	账页

账 户 目 录

账户名称	账页	账户名称	账页

银行存款日记账

第______页

年		凭证	摘要	借方										贷方										借或贷	余额									
月	日			千	百	十	万	千	百	十	元	角	分	千	百	十	万	千	百	十	元	角	分		千	百	十	万	千	百	十	元	角	分
			过次页																															

银行存款日记账

第______页

年		凭证	摘要	借方										贷方										借或贷	余额									
月	日			千	百	十	万	千	百	十	元	角	分	千	百	十	万	千	百	十	元	角	分		千	百	十	万	千	百	十	元	角	分
			过次页																															

库存现金日记账

第______页

年		凭证	摘要	借方										贷方										借或贷	余额									
月	日			千	百	十	万	千	百	十	元	角	分	千	百	十	万	千	百	十	元	角	分		千	百	十	万	千	百	十	元	角	分
			过次页																															

库存现金日记账

第______页

年		凭证	摘要	借方										贷方										借或贷	余额									
月	日			千	百	十	万	千	百	十	元	角	分	千	百	十	万	千	百	十	元	角	分		千	百	十	万	千	百	十	元	角	分
			过次页																															

明细账

专业：________________

学校：________________

班级：________________

学生姓名：________________

账户目录

账户名称	账页	账户名称	账页

账 户 目 录

账户名称	账页	账户名称	账页

账 户 目 录

账户名称	账页	账户名称	账页

账户目录

账户名称	账页	账户名称	账页

明　细　账

账户名称________________　　　　　　　　　　　　　　　　　　第______页

年		凭证	摘要	借方											贷方											核对	借或贷	余额										
月	日			亿	千	百	十	万	千	百	十	元	角	分	亿	千	百	十	万	千	百	十	元	角	分			亿	千	百	十	万	千	百	十	元	角	分

明　细　账

账户名称________________　　　　　　　　　　　　　　　　　　第______页

年		凭证	摘要	借方											贷方											核对	借或贷	余额										
月	日			亿	千	百	十	万	千	百	十	元	角	分	亿	千	百	十	万	千	百	十	元	角	分			亿	千	百	十	万	千	百	十	元	角	分

明　细　账

账户名称＿＿＿＿＿＿＿＿　　　　　　　　　　　　　　　　　第＿＿＿页

年		凭证	摘要	借方											贷方											核对	借或贷	余额										
月	日			亿	千	百	十	万	千	百	十	元	角	分	亿	千	百	十	万	千	百	十	元	角	分			亿	千	百	十	万	千	百	十	元	角	分

明　细　账

账户名称＿＿＿＿＿＿＿＿　　　　　　　　　　　　　　　　　第＿＿＿页

年		凭证	摘要	借方											贷方											核对	借或贷	余额										
月	日			亿	千	百	十	万	千	百	十	元	角	分	亿	千	百	十	万	千	百	十	元	角	分			亿	千	百	十	万	千	百	十	元	角	分

明细账

账户名称＿＿＿＿＿＿＿＿　　　　　　　　第＿＿页

年		凭证	摘要	借方											贷方											核对	借或贷	余额										
月	日			亿	千	百	十	万	千	百	十	元	角	分	亿	千	百	十	万	千	百	十	元	角	分			亿	千	百	十	万	千	百	十	元	角	分

明细账

账户名称＿＿＿＿＿＿＿＿　　　　　　　　第＿＿页

年		凭证	摘要	借方											贷方											核对	借或贷	余额										
月	日			亿	千	百	十	万	千	百	十	元	角	分	亿	千	百	十	万	千	百	十	元	角	分			亿	千	百	十	万	千	百	十	元	角	分

明　细　账

账户名称＿＿＿＿＿＿＿＿＿＿＿＿　　　　　　　　　　第＿＿＿页

年		凭证	摘要	借方											贷方											核对	借或贷	余额										
月	日			亿	千	百	十	万	千	百	十	元	角	分	亿	千	百	十	万	千	百	十	元	角	分			亿	千	百	十	万	千	百	十	元	角	分

明　细　账

账户名称＿＿＿＿＿＿＿＿＿＿＿＿　　　　　　　　　　第＿＿＿页

年		凭证	摘要	借方											贷方											核对	借或贷	余额										
月	日			亿	千	百	十	万	千	百	十	元	角	分	亿	千	百	十	万	千	百	十	元	角	分			亿	千	百	十	万	千	百	十	元	角	分

明　细　账

账户名称________________　　　　　　　　第______页

年		凭证	摘要	借方											贷方											核对	借或贷	余额										
月	日			亿	千	百	十	万	千	百	十	元	角	分	亿	千	百	十	万	千	百	十	元	角	分			亿	千	百	十	万	千	百	十	元	角	分

明　细　账

账户名称________________　　　　　　　　第______页

年		凭证	摘要	借方											贷方											核对	借或贷	余额										
月	日			亿	千	百	十	万	千	百	十	元	角	分	亿	千	百	十	万	千	百	十	元	角	分			亿	千	百	十	万	千	百	十	元	角	分

明　细　账

账户名称______________　　　　第______页

年		凭证	摘要	借方											贷方											核对	借或贷	余额										
月	日			亿	千	百	十	万	千	百	十	元	角	分	亿	千	百	十	万	千	百	十	元	角	分			亿	千	百	十	万	千	百	十	元	角	分

明　细　账

账户名称______________　　　　第______页

年		凭证	摘要	借方											贷方											核对	借或贷	余额										
月	日			亿	千	百	十	万	千	百	十	元	角	分	亿	千	百	十	万	千	百	十	元	角	分			亿	千	百	十	万	千	百	十	元	角	分

明细账

账户名称＿＿＿＿＿＿＿＿＿＿ 第＿＿＿页

年		凭证	摘要	借方											贷方											核对	借或贷	余额										
月	日			亿	千	百	十	万	千	百	十	元	角	分	亿	千	百	十	万	千	百	十	元	角	分			亿	千	百	十	万	千	百	十	元	角	分

明细账

账户名称＿＿＿＿＿＿＿＿＿＿ 第＿＿＿页

年		凭证	摘要	借方											贷方											核对	借或贷	余额										
月	日			亿	千	百	十	万	千	百	十	元	角	分	亿	千	百	十	万	千	百	十	元	角	分			亿	千	百	十	万	千	百	十	元	角	分

明　细　账

账户名称＿＿＿＿＿＿＿＿＿＿　　　　第＿＿＿页

年		凭证	摘要	借方											贷方											核对	借或贷	余额										
月	日			亿	千	百	十	万	千	百	十	元	角	分	亿	千	百	十	万	千	百	十	元	角	分			亿	千	百	十	万	千	百	十	元	角	分

明　细　账

账户名称＿＿＿＿＿＿＿＿＿＿　　　　第＿＿＿页

年		凭证	摘要	借方											贷方											核对	借或贷	余额										
月	日			亿	千	百	十	万	千	百	十	元	角	分	亿	千	百	十	万	千	百	十	元	角	分			亿	千	百	十	万	千	百	十	元	角	分

明细账

账户名称＿＿＿＿＿＿＿＿　　　　　　　　　　第＿＿＿页

年		凭证	摘要	借方											贷方											核对	借或贷	余额										
月	日			亿	千	百	十	万	千	百	十	元	角	分	亿	千	百	十	万	千	百	十	元	角	分			亿	千	百	十	万	千	百	十	元	角	分

明细账

账户名称＿＿＿＿＿＿＿＿　　　　　　　　　　第＿＿＿页

年		凭证	摘要	借方											贷方											核对	借或贷	余额										
月	日			亿	千	百	十	万	千	百	十	元	角	分	亿	千	百	十	万	千	百	十	元	角	分			亿	千	百	十	万	千	百	十	元	角	分

明 细 账

账户名称________________ 第______页

年		凭证	摘要	借方											贷方											核对	借或贷	余额										
月	日			亿	千	百	十	万	千	百	十	元	角	分	亿	千	百	十	万	千	百	十	元	角	分			亿	千	百	十	万	千	百	十	元	角	分

明 细 账

账户名称________________ 第______页

年		凭证	摘要	借方											贷方											核对	借或贷	余额										
月	日			亿	千	百	十	万	千	百	十	元	角	分	亿	千	百	十	万	千	百	十	元	角	分			亿	千	百	十	万	千	百	十	元	角	分

明细账

账户名称______________　　　　　　　　　　　　　　　　　　　第______页

年		凭证	摘要	借方											贷方											核对	借或贷	余额										
月	日			亿	千	百	十	万	千	百	十	元	角	分	亿	千	百	十	万	千	百	十	元	角	分			亿	千	百	十	万	千	百	十	元	角	分

明细账

账户名称______________　　　　　　　　　　　　　　　　　　　第______页

年		凭证	摘要	借方											贷方											核对	借或贷	余额										
月	日			亿	千	百	十	万	千	百	十	元	角	分	亿	千	百	十	万	千	百	十	元	角	分			亿	千	百	十	万	千	百	十	元	角	分

明　细　账

账户名称________________　　第______页

年		凭证	摘要	借方											贷方											核对	借或贷	余额										
月	日			亿	千	百	十	万	千	百	十	元	角	分	亿	千	百	十	万	千	百	十	元	角	分			亿	千	百	十	万	千	百	十	元	角	分

明　细　账

账户名称________________　　第______页

年		凭证	摘要	借方											贷方											核对	借或贷	余额										
月	日			亿	千	百	十	万	千	百	十	元	角	分	亿	千	百	十	万	千	百	十	元	角	分			亿	千	百	十	万	千	百	十	元	角	分

明 细 账

账户名称＿＿＿＿＿＿＿＿＿＿＿＿ 第＿＿＿页

年		凭证	摘要	借方											贷方											核对	借或贷	余额										
月	日			亿	千	百	十	万	千	百	十	元	角	分	亿	千	百	十	万	千	百	十	元	角	分			亿	千	百	十	万	千	百	十	元	角	分

明 细 账

账户名称＿＿＿＿＿＿＿＿＿＿＿＿ 第＿＿＿页

年		凭证	摘要	借方											贷方											核对	借或贷	余额										
月	日			亿	千	百	十	万	千	百	十	元	角	分	亿	千	百	十	万	千	百	十	元	角	分			亿	千	百	十	万	千	百	十	元	角	分

明 细 账

账户名称______________ 第______页

年		凭证	摘要	借方											贷方											核对	借或贷	余额										
月	日			亿	千	百	十	万	千	百	十	元	角	分	亿	千	百	十	万	千	百	十	元	角	分			亿	千	百	十	万	千	百	十	元	角	分

明 细 账

账户名称______________ 第______页

年		凭证	摘要	借方											贷方											核对	借或贷	余额										
月	日			亿	千	百	十	万	千	百	十	元	角	分	亿	千	百	十	万	千	百	十	元	角	分			亿	千	百	十	万	千	百	十	元	角	分

明 细 账

账户名称________________ 第______页

年		凭证	摘要	借方											贷方											核对	借或贷	余额										
月	日			亿	千	百	十	万	千	百	十	元	角	分	亿	千	百	十	万	千	百	十	元	角	分			亿	千	百	十	万	千	百	十	元	角	分

明 细 账

账户名称________________ 第______页

年		凭证	摘要	借方											贷方											核对	借或贷	余额										
月	日			亿	千	百	十	万	千	百	十	元	角	分	亿	千	百	十	万	千	百	十	元	角	分			亿	千	百	十	万	千	百	十	元	角	分

明 细 账

账户名称＿＿＿＿＿＿＿＿＿＿＿＿＿＿＿＿　　　　第＿＿＿＿页

年		凭证	摘要	借方											贷方											核对	借或贷	余额										
月	日			亿	千	百	十	万	千	百	十	元	角	分	亿	千	百	十	万	千	百	十	元	角	分			亿	千	百	十	万	千	百	十	元	角	分

明 细 账

账户名称＿＿＿＿＿＿＿＿＿＿＿＿＿＿＿＿　　　　第＿＿＿＿页

年		凭证	摘要	借方											贷方											核对	借或贷	余额										
月	日			亿	千	百	十	万	千	百	十	元	角	分	亿	千	百	十	万	千	百	十	元	角	分			亿	千	百	十	万	千	百	十	元	角	分

明细账

账户名称________________ 第____页

年		凭证	摘要	借方											贷方											核对	借或贷	余额										
月	日			亿	千	百	十	万	千	百	十	元	角	分	亿	千	百	十	万	千	百	十	元	角	分			亿	千	百	十	万	千	百	十	元	角	分

明细账

账户名称________________ 第____页

年		凭证	摘要	借方											贷方											核对	借或贷	余额										
月	日			亿	千	百	十	万	千	百	十	元	角	分	亿	千	百	十	万	千	百	十	元	角	分			亿	千	百	十	万	千	百	十	元	角	分

明　细　账

账户名称＿＿＿＿＿＿＿＿　　　　第＿＿＿＿页

年		凭证	摘要	借方											贷方											核对	借或贷	余额										
月	日			亿	千	百	十	万	千	百	十	元	角	分	亿	千	百	十	万	千	百	十	元	角	分			亿	千	百	十	万	千	百	十	元	角	分

明　细　账

账户名称＿＿＿＿＿＿＿＿　　　　第＿＿＿＿页

年		凭证	摘要	借方											贷方											核对	借或贷	余额										
月	日			亿	千	百	十	万	千	百	十	元	角	分	亿	千	百	十	万	千	百	十	元	角	分			亿	千	百	十	万	千	百	十	元	角	分

明 细 账

账户名称＿＿＿＿＿＿＿＿＿＿＿＿＿＿＿ 第＿＿＿页

年		凭证	摘要	借方											贷方											核对	借或贷	余额										
月	日			亿	千	百	十	万	千	百	十	元	角	分	亿	千	百	十	万	千	百	十	元	角	分			亿	千	百	十	万	千	百	十	元	角	分

明 细 账

账户名称＿＿＿＿＿＿＿＿＿＿＿＿＿＿＿ 第＿＿＿页

年		凭证	摘要	借方											贷方											核对	借或贷	余额										
月	日			亿	千	百	十	万	千	百	十	元	角	分	亿	千	百	十	万	千	百	十	元	角	分			亿	千	百	十	万	千	百	十	元	角	分

明　细　账

账户名称＿＿＿＿＿＿＿＿＿＿＿＿　　　　第＿＿＿页

年		凭证	摘要	借方											贷方											核对	借或贷	余额										
月	日			亿	千	百	十	万	千	百	十	元	角	分	亿	千	百	十	万	千	百	十	元	角	分			亿	千	百	十	万	千	百	十	元	角	分

明　细　账

账户名称＿＿＿＿＿＿＿＿＿＿＿＿　　　　第＿＿＿页

年		凭证	摘要	借方											贷方											核对	借或贷	余额										
月	日			亿	千	百	十	万	千	百	十	元	角	分	亿	千	百	十	万	千	百	十	元	角	分			亿	千	百	十	万	千	百	十	元	角	分

明　细　账

账户名称______________　　　　　　　　　　　　　　　　第______页

年		凭证	摘要	借方											贷方											核对	借或贷	余额										
月	日			亿	千	百	十	万	千	百	十	元	角	分	亿	千	百	十	万	千	百	十	元	角	分			亿	千	百	十	万	千	百	十	元	角	分

明　细　账

账户名称______________　　　　　　　　　　　　　　　　第______页

年		凭证	摘要	借方											贷方											核对	借或贷	余额										
月	日			亿	千	百	十	万	千	百	十	元	角	分	亿	千	百	十	万	千	百	十	元	角	分			亿	千	百	十	万	千	百	十	元	角	分

明　细　账

账户名称________________　　　　　　　　　　　　　　　　第______页

年		凭证	摘要	借方											贷方											核对	借或贷	余额										
月	日			亿	千	百	十	万	千	百	十	元	角	分	亿	千	百	十	万	千	百	十	元	角	分			亿	千	百	十	万	千	百	十	元	角	分

明　细　账

账户名称________________　　　　　　　　　　　　　　　　第______页

年		凭证	摘要	借方											贷方											核对	借或贷	余额										
月	日			亿	千	百	十	万	千	百	十	元	角	分	亿	千	百	十	万	千	百	十	元	角	分			亿	千	百	十	万	千	百	十	元	角	分

明 细 账

账户名称________________　　　　　　　　　　　　　　　　　　第______页

年		凭证	摘要	借方											贷方											核对	借或贷	余额										
月	日			亿	千	百	十	万	千	百	十	元	角	分	亿	千	百	十	万	千	百	十	元	角	分			亿	千	百	十	万	千	百	十	元	角	分

明 细 账

账户名称________________　　　　　　　　　　　　　　　　　　第______页

年		凭证	摘要	借方											贷方											核对	借或贷	余额										
月	日			亿	千	百	十	万	千	百	十	元	角	分	亿	千	百	十	万	千	百	十	元	角	分			亿	千	百	十	万	千	百	十	元	角	分

明　细　账

账户名称________________　　　　第______页

年		凭证	摘要	借方											贷方											核对	借或贷	余额										
月	日			亿	千	百	十	万	千	百	十	元	角	分	亿	千	百	十	万	千	百	十	元	角	分			亿	千	百	十	万	千	百	十	元	角	分

明　细　账

账户名称________________　　　　第______页

年		凭证	摘要	借方											贷方											核对	借或贷	余额										
月	日			亿	千	百	十	万	千	百	十	元	角	分	亿	千	百	十	万	千	百	十	元	角	分			亿	千	百	十	万	千	百	十	元	角	分

明细账

账户名称________________ 第______页

年		凭证	摘要	借方											贷方											核对	借或贷	余额										
月	日			亿	千	百	十	万	千	百	十	元	角	分	亿	千	百	十	万	千	百	十	元	角	分			亿	千	百	十	万	千	百	十	元	角	分

明细账

账户名称________________ 第______页

年		凭证	摘要	借方											贷方											核对	借或贷	余额										
月	日			亿	千	百	十	万	千	百	十	元	角	分	亿	千	百	十	万	千	百	十	元	角	分			亿	千	百	十	万	千	百	十	元	角	分

明　细　账

账户名称________________　　　　　　　　第______页

年		凭证	摘要	借方											贷方											核对	借或贷	余额										
月	日			亿	千	百	十	万	千	百	十	元	角	分	亿	千	百	十	万	千	百	十	元	角	分			亿	千	百	十	万	千	百	十	元	角	分

明　细　账

账户名称________________　　　　　　　　第______页

年		凭证	摘要	借方											贷方											核对	借或贷	余额										
月	日			亿	千	百	十	万	千	百	十	元	角	分	亿	千	百	十	万	千	百	十	元	角	分			亿	千	百	十	万	千	百	十	元	角	分

明细账

账户名称________________ 第______页

年		凭证	摘要	借方											贷方											核对	借或贷	余额										
月	日			亿	千	百	十	万	千	百	十	元	角	分	亿	千	百	十	万	千	百	十	元	角	分			亿	千	百	十	万	千	百	十	元	角	分

明细账

账户名称________________ 第______页

年		凭证	摘要	借方											贷方											核对	借或贷	余额										
月	日			亿	千	百	十	万	千	百	十	元	角	分	亿	千	百	十	万	千	百	十	元	角	分			亿	千	百	十	万	千	百	十	元	角	分

明 细 账

账户名称________________　　　　　　　　　　第______页

年		凭证	摘要	借方											贷方											核对	借或贷	余额										
月	日			亿	千	百	十	万	千	百	十	元	角	分	亿	千	百	十	万	千	百	十	元	角	分			亿	千	百	十	万	千	百	十	元	角	分

明 细 账

账户名称________________　　　　　　　　　　第______页

年		凭证	摘要	借方											贷方											核对	借或贷	余额										
月	日			亿	千	百	十	万	千	百	十	元	角	分	亿	千	百	十	万	千	百	十	元	角	分			亿	千	百	十	万	千	百	十	元	角	分

明 细 账

账户名称＿＿＿＿＿＿＿＿ 第＿＿＿页

年		凭证	摘要	借方											贷方											核对	借或贷	余额										
月	日			亿	千	百	十	万	千	百	十	元	角	分	亿	千	百	十	万	千	百	十	元	角	分			亿	千	百	十	万	千	百	十	元	角	分

明 细 账

账户名称＿＿＿＿＿＿＿＿ 第＿＿＿页

年		凭证	摘要	借方											贷方											核对	借或贷	余额										
月	日			亿	千	百	十	万	千	百	十	元	角	分	亿	千	百	十	万	千	百	十	元	角	分			亿	千	百	十	万	千	百	十	元	角	分

明　细　账

账户名称________________　　　　　　　　第______页

年		凭证	摘要	借方											贷方											核对	借或贷	余额										
月	日			亿	千	百	十	万	千	百	十	元	角	分	亿	千	百	十	万	千	百	十	元	角	分			亿	千	百	十	万	千	百	十	元	角	分

明　细　账

账户名称________________　　　　　　　　第______页

年		凭证	摘要	借方											贷方											核对	借或贷	余额										
月	日			亿	千	百	十	万	千	百	十	元	角	分	亿	千	百	十	万	千	百	十	元	角	分			亿	千	百	十	万	千	百	十	元	角	分

明细账

账户名称________________　　　　第______页

年		凭证	摘要	借方											贷方											核对	借或贷	余额										
月	日			亿	千	百	十	万	千	百	十	元	角	分	亿	千	百	十	万	千	百	十	元	角	分			亿	千	百	十	万	千	百	十	元	角	分

明细账

账户名称________________　　　　第______页

年		凭证	摘要	借方											贷方											核对	借或贷	余额										
月	日			亿	千	百	十	万	千	百	十	元	角	分	亿	千	百	十	万	千	百	十	元	角	分			亿	千	百	十	万	千	百	十	元	角	分

明 细 账

账户名称＿＿＿＿＿＿＿＿ 第＿＿＿页

年		凭证	摘要	借方											贷方											核对	借或贷	余额										
月	日			亿	千	百	十	万	千	百	十	元	角	分	亿	千	百	十	万	千	百	十	元	角	分			亿	千	百	十	万	千	百	十	元	角	分

明 细 账

账户名称＿＿＿＿＿＿＿＿ 第＿＿＿页

年		凭证	摘要	借方											贷方											核对	借或贷	余额										
月	日			亿	千	百	十	万	千	百	十	元	角	分	亿	千	百	十	万	千	百	十	元	角	分			亿	千	百	十	万	千	百	十	元	角	分

明　细　账

账户名称＿＿＿＿＿＿＿＿＿＿＿＿　　　　第＿＿＿＿页

年		凭证	摘要	借方											贷方											核对	借或贷	余额										
月	日			亿	千	百	十	万	千	百	十	元	角	分	亿	千	百	十	万	千	百	十	元	角	分			亿	千	百	十	万	千	百	十	元	角	分

明　细　账

账户名称＿＿＿＿＿＿＿＿＿＿＿＿　　　　第＿＿＿＿页

年		凭证	摘要	借方											贷方											核对	借或贷	余额										
月	日			亿	千	百	十	万	千	百	十	元	角	分	亿	千	百	十	万	千	百	十	元	角	分			亿	千	百	十	万	千	百	十	元	角	分

明 细 账

账户名称＿＿＿＿＿＿＿＿＿＿ 第＿＿＿页

年		凭证	摘要	借方											贷方											核对	借或贷	余额										
月	日			亿	千	百	十	万	千	百	十	元	角	分	亿	千	百	十	万	千	百	十	元	角	分			亿	千	百	十	万	千	百	十	元	角	分

明 细 账

账户名称＿＿＿＿＿＿＿＿＿＿ 第＿＿＿页

年		凭证	摘要	借方											贷方											核对	借或贷	余额										
月	日			亿	千	百	十	万	千	百	十	元	角	分	亿	千	百	十	万	千	百	十	元	角	分			亿	千	百	十	万	千	百	十	元	角	分

明 细 账

账户名称＿＿＿＿＿＿＿＿＿＿＿　　　　第＿＿＿＿页

年		凭证	摘要	借方											贷方											核对	借或贷	余额										
月	日			亿	千	百	十	万	千	百	十	元	角	分	亿	千	百	十	万	千	百	十	元	角	分			亿	千	百	十	万	千	百	十	元	角	分

明 细 账

账户名称＿＿＿＿＿＿＿＿＿＿＿　　　　第＿＿＿＿页

年		凭证	摘要	借方											贷方											核对	借或贷	余额										
月	日			亿	千	百	十	万	千	百	十	元	角	分	亿	千	百	十	万	千	百	十	元	角	分			亿	千	百	十	万	千	百	十	元	角	分

明　细　账

账户名称________________　　　　　　　　　　第______页

年		凭证	摘要	借方											贷方											核对	借或贷	余额										
月	日			亿	千	百	十	万	千	百	十	元	角	分	亿	千	百	十	万	千	百	十	元	角	分			亿	千	百	十	万	千	百	十	元	角	分

明　细　账

账户名称________________　　　　　　　　　　第______页

年		凭证	摘要	借方											贷方											核对	借或贷	余额										
月	日			亿	千	百	十	万	千	百	十	元	角	分	亿	千	百	十	万	千	百	十	元	角	分			亿	千	百	十	万	千	百	十	元	角	分

明　细　账

账户名称______________　　　　　　　　　　　　　　　　　　　　第______页

年		凭证	摘要	借方											贷方											核对	借或贷	余额										
月	日			亿	千	百	十	万	千	百	十	元	角	分	亿	千	百	十	万	千	百	十	元	角	分			亿	千	百	十	万	千	百	十	元	角	分

明　细　账

账户名称______________　　　　　　　　　　　　　　　　　　　　第______页

年		凭证	摘要	借方											贷方											核对	借或贷	余额										
月	日			亿	千	百	十	万	千	百	十	元	角	分	亿	千	百	十	万	千	百	十	元	角	分			亿	千	百	十	万	千	百	十	元	角	分

固定资产及累计折旧明细账

使用年限__________ 折旧率__________ 残值__________ 使用部门__________

年		凭证	摘要	原始价值						累计折旧			净值
				借方		贷方		余额		借方	贷方	余额	
月	日			数量	金额	数量	金额	数量	金额				

固定资产及累计折旧明细账

使用年限＿＿＿＿＿　　折旧率＿＿＿＿＿　　残值＿＿＿＿＿　　使用部门＿＿＿＿＿

年		凭证	摘要	原始价值						累计折旧			净值
				借方		贷方		余额		借方	贷方	余额	
月	日			数量	金额	数量	金额	数量	金额				

固定资产及累计折旧明细账

使用年限＿＿＿＿＿　　折旧率＿＿＿＿＿　　残值＿＿＿＿＿　　使用部门＿＿＿＿＿

年		凭证	摘要	原始价值						累计折旧			净值
				借方		贷方		余额		借方	贷方	余额	
月	日			数量	金额	数量	金额	数量	金额				

固定资产及累计折旧明细账

使用年限______ 折旧率______ 残值______ 使用部门______

年		凭证	摘要	原始价值						累计折旧			净值
				借方		贷方		余额		借方	贷方	余额	
月	日			数量	金额	数量	金额	数量	金额				

固定资产及累计折旧明细账

使用年限________ 折旧率________ 残值________ 使用部门________

年		凭证	摘要	原始价值						累计折旧			净值
				借方		贷方		余额		借方	贷方	余额	
月	日			数量	金额	数量	金额	数量	金额				

固定资产及累计折旧明细账

使用年限__________ 折旧率__________ 残值__________ 使用部门__________

年		凭证	摘要	原始价值						累计折旧			净值
				借方		贷方		余额		借方	贷方	余额	
月	日			数量	金额	数量	金额	数量	金额				

固定资产及累计折旧明细账

使用年限__________ 折旧率__________ 残值__________ 使用部门__________

年		凭证	摘要	原始价值						累计折旧			净值
				借方		贷方		余额		借方	贷方	余额	
月	日			数量	金额	数量	金额	数量	金额				

固定资产及累计折旧明细账

使用年限____________　　折旧率____________　　残值____________　　使用部门____________

年		凭证	摘要	原始价值						累计折旧			净值
				借方		贷方		余额		借方	贷方	余额	
月	日			数量	金额	数量	金额	数量	金额				

固定资产及累计折旧明细账

使用年限＿＿＿＿＿　　折旧率＿＿＿＿＿　　残值＿＿＿＿＿　　使用部门＿＿＿＿＿

年		凭证	摘要	原始价值						累计折旧			净值
				借方		贷方		余额		借方	贷方	余额	
月	日			数量	金额	数量	金额	数量	金额				

固定资产及累计折旧明细账

使用年限＿＿＿＿＿＿ 折旧率＿＿＿＿＿＿ 残值＿＿＿＿＿＿ 使用部门＿＿＿＿＿＿

年		凭证	摘要	原始价值						累计折旧			净值
				借方		贷方		余额		借方	贷方	余额	
月	日			数量	金额	数量	金额	数量	金额				

固定资产及累计折旧明细账

使用年限＿＿＿＿　折旧率＿＿＿＿　残值＿＿＿＿　使用部门＿＿＿＿

年		凭证	摘要	原始价值						累计折旧			净值
				借方		贷方		余额		借方	贷方	余额	
月	日			数量	金额	数量	金额	数量	金额				

固定资产及累计折旧明细账

使用年限__________　　折旧率__________　　残值__________　　使用部门__________

年		凭证	摘要	原始价值						累计折旧			净值
				借方		贷方		余额		借方	贷方	余额	
月	日			数量	金额	数量	金额	数量	金额				

固定资产及累计折旧明细账

使用年限＿＿＿＿＿　折旧率＿＿＿＿＿　残值＿＿＿＿＿　使用部门＿＿＿＿＿

年		凭证	摘要	原始价值						累计折旧			净值
				借方		贷方		余额		借方	贷方	余额	
月	日			数量	金额	数量	金额	数量	金额				

固定资产及累计折旧明细账

使用年限________　　折旧率________　　残值________　　使用部门________

年		凭证	摘要	原始价值						累计折旧			净值
				借方		贷方		余额		借方	贷方	余额	
月	日			数量	金额	数量	金额	数量	金额				

固定资产及累计折旧明细账

使用年限＿＿＿＿＿　　折旧率＿＿＿＿＿　　残值＿＿＿＿＿　　使用部门＿＿＿＿＿

年		凭证	摘要	原始价值						累计折旧			净值
				借方		贷方		余额		借方	贷方	余额	
月	日			数量	金额	数量	金额	数量	金额				

固定资产及累计折旧明细账

使用年限＿＿＿＿ 折旧率＿＿＿＿ 残值＿＿＿＿ 使用部门＿＿＿＿

年		凭证	摘要	原始价值						累计折旧			净值
				借方		贷方		余额		借方	贷方	余额	
月	日			数量	金额	数量	金额	数量	金额				

固定资产及累计折旧明细账

使用年限____________ 折旧率____________ 残值____________ 使用部门____________

年		凭证	摘要	原始价值						累计折旧			净值
				借方		贷方		余额		借方	贷方	余额	
月	日			数量	金额	数量	金额	数量	金额				

固定资产及累计折旧明细账

使用年限__________ 折旧率__________ 残值__________ 使用部门__________

年		凭证	摘要	原始价值						累计折旧			净值
				借方		贷方		余额		借方	贷方	余额	
月	日			数量	金额	数量	金额	数量	金额				

月	日	进价	调拨价	批发价	零售价

（科目） 明细账（乙）

最高存量 储存天数
最低存量 每件数量

总第 页 分第 号 第 页			
类别		编号	
产地		规格	
名称		单位	

年		凭证	摘要	借（收入）方												贷（发出）方												结存											
月	日			数量	单价	金额										数量	单价	金额										数量	单价	金额									
						千	百	十	万	千	百	十	元	角	分			千	百	十	万	千	百	十	元	角	分			千	百	十	万	千	百	十	元	角	分

月	日	进价	调拨价	批发价	零售价

（科目） 明细账（乙）

最高存量 储存天数
最低存量 每件数量

总第 页 分第 号 第 页			
类别		编号	
产地		规格	
名称		单位	

年		凭证	摘要	借（收入）方												贷（发出）方												结存											
月	日			数量	单价	金额										数量	单价	金额										数量	单价	金额									
						千	百	十	万	千	百	十	元	角	分			千	百	十	万	千	百	十	元	角	分			千	百	十	万	千	百	十	元	角	分

月	日	进价	调拨价	批发价	零售价

（科目） 明细账（乙）

最高存量　　　　储存天数

最低存量　　　　每件数量

总第　页　分第　号　第　页			
类别		编号	
产地		规格	
名称		单位	

年		凭证	摘要	借（收入）方												贷（发出）方												结存											
月	日			数量	单价	金额										数量	单价	金额										数量	单价	金额									
						千	百	十	万	千	百	十	元	角	分			千	百	十	万	千	百	十	元	角	分			千	百	十	万	千	百	十	元	角	分

月	日	进价	调拨价	批发价	零售价

（科目） 明细账（乙）

最高存量　　　　储存天数

最低存量　　　　每件数量

总第　页　分第　号　第　页			
类别		编号	
产地		规格	
名称		单位	

年		凭证	摘要	借（收入）方												贷（发出）方												结存											
月	日			数量	单价	金额										数量	单价	金额										数量	单价	金额									
						千	百	十	万	千	百	十	元	角	分			千	百	十	万	千	百	十	元	角	分			千	百	十	万	千	百	十	元	角	分

月	日	进价	调拨价	批发价	零售价

（科目） 明细账（乙）

最高存量 储存天数

最低存量 每件数量

总第 页 分第 号 第 页			
类别		编号	
产地		规格	
名称		单位	

年		凭证	摘要	借（收入）方												贷（发出）方												结存											
月	日			数量	单价	金额										数量	单价	金额										数量	单价	金额									
						千	百	十	万	千	百	十	元	角	分			千	百	十	万	千	百	十	元	角	分			千	百	十	万	千	百	十	元	角	分

月	日	进价	调拨价	批发价	零售价

（科目） 明细账（乙）

最高存量 储存天数

最低存量 每件数量

总第 页 分第 号 第 页			
类别		编号	
产地		规格	
名称		单位	

年		凭证	摘要	借（收入）方												贷（发出）方												结存											
月	日			数量	单价	金额										数量	单价	金额										数量	单价	金额									
						千	百	十	万	千	百	十	元	角	分			千	百	十	万	千	百	十	元	角	分			千	百	十	万	千	百	十	元	角	分

月	日	进价	调拨价	批发价	零售价

（科目） 明细账（乙）

最高存量　　　　储存天数

最低存量　　　　每件数量

总第 页 分第 号 第 页			
类别		编号	
产地		规格	
名称		单位	

年		凭证	摘要	借（收入）方												贷（发出）方												结存											
月	日			数量	单价	金额										数量	单价	金额										数量	单价	金额									
						千	百	十	万	千	百	十	元	角	分			千	百	十	万	千	百	十	元	角	分			千	百	十	万	千	百	十	元	角	分

月	日	进价	调拨价	批发价	零售价

（科目） 明细账（乙）

最高存量　　　　储存天数

最低存量　　　　每件数量

总第 页 分第 号 第 页			
类别		编号	
产地		规格	
名称		单位	

年		凭证	摘要	借（收入）方												贷（发出）方												结存											
月	日			数量	单价	金额										数量	单价	金额										数量	单价	金额									
						千	百	十	万	千	百	十	元	角	分			千	百	十	万	千	百	十	元	角	分			千	百	十	万	千	百	十	元	角	分

月	日	进价	调拨价	批发价	零售价

（科目） 明细账（乙）

最高存量 储存天数

最低存量 每件数量

总第 页 分第 号 第 页			
类别		编号	
产地		规格	
名称		单位	

年		凭证	摘要	借（收入）方												贷（发出）方												结存											
月	日			数量	单价	金额										数量	单价	金额										数量	单价	金额									
						千	百	十	万	千	百	十	元	角	分			千	百	十	万	千	百	十	元	角	分			千	百	十	万	千	百	十	元	角	分

月	日	进价	调拨价	批发价	零售价

（科目） 明细账（乙）

最高存量 储存天数

最低存量 每件数量

总第 页 分第 号 第 页			
类别		编号	
产地		规格	
名称		单位	

年		凭证	摘要	借（收入）方												贷（发出）方												结存											
月	日			数量	单价	金额										数量	单价	金额										数量	单价	金额									
						千	百	十	万	千	百	十	元	角	分			千	百	十	万	千	百	十	元	角	分			千	百	十	万	千	百	十	元	角	分

月	日	进价	调拨价	批发价	零售价

（科目） 明细账（乙）

最高存量　　　　储存天数
最低存量　　　　每件数量

总第 页 分第 号 第 页			
类别		编号	
产地		规格	
名称		单位	

年		凭证	摘要	借（收入）方												贷（发出）方												结存											
月	日			数量	单价	金额										数量	单价	金额										数量	单价	金额									
						千	百	十	万	千	百	十	元	角	分			千	百	十	万	千	百	十	元	角	分			千	百	十	万	千	百	十	元	角	分

月	日	进价	调拨价	批发价	零售价

（科目） 明细账（乙）

最高存量　　　　储存天数
最低存量　　　　每件数量

总第 页 分第 号 第 页			
类别		编号	
产地		规格	
名称		单位	

年		凭证	摘要	借（收入）方												贷（发出）方												结存											
月	日			数量	单价	金额										数量	单价	金额										数量	单价	金额									
						千	百	十	万	千	百	十	元	角	分			千	百	十	万	千	百	十	元	角	分			千	百	十	万	千	百	十	元	角	分

月	日	进价	调拨价	批发价	零售价

（科目） 明细账（乙）

最高存量　　　储存天数

最低存量　　　每件数量

总第 页	分第 号	第 页	
类别		编号	
产地		规格	
名称		单位	

年		凭证	摘要	借（收入）方												贷（发出）方												结存											
月	日			数量	单价	金额										数量	单价	金额										数量	单价	金额									
						千	百	十	万	千	百	十	元	角	分			千	百	十	万	千	百	十	元	角	分			千	百	十	万	千	百	十	元	角	分

月	日	进价	调拨价	批发价	零售价

（科目） 明细账（乙）

最高存量　　　储存天数

最低存量　　　每件数量

总第 页	分第 号	第 页	
类别		编号	
产地		规格	
名称		单位	

年		凭证	摘要	借（收入）方												贷（发出）方												结存											
月	日			数量	单价	金额										数量	单价	金额										数量	单价	金额									
						千	百	十	万	千	百	十	元	角	分			千	百	十	万	千	百	十	元	角	分			千	百	十	万	千	百	十	元	角	分

月	日	进价	调拨价	批发价	零售价

（科目） 明细账（乙）

最高存量　　　　储存天数

最低存量　　　　每件数量

总第 页 分第 号 第 页			
类别		编号	
产地		规格	
名称		单位	

年		凭证	摘要	借（收入）方												贷（发出）方												结存											
月	日			数量	单价	金额										数量	单价	金额										数量	单价	金额									
						千	百	十	万	千	百	十	元	角	分			千	百	十	万	千	百	十	元	角	分			千	百	十	万	千	百	十	元	角	分

月	日	进价	调拨价	批发价	零售价

（科目） 明细账（乙）

最高存量　　　　储存天数

最低存量　　　　每件数量

总第 页 分第 号 第 页			
类别		编号	
产地		规格	
名称		单位	

年		凭证	摘要	借（收入）方												贷（发出）方												结存											
月	日			数量	单价	金额										数量	单价	金额										数量	单价	金额									
						千	百	十	万	千	百	十	元	角	分			千	百	十	万	千	百	十	元	角	分			千	百	十	万	千	百	十	元	角	分

月	日	进价	调拨价	批发价	零售价

（科目） 明细账（乙）

最高存量 储存天数
最低存量 每件数量

总第 页 分第 号 第 页			
类别		编号	
产地		规格	
名称		单位	

年		凭证	摘要	借（收入）方												贷（发出）方												结存											
月	日			数量	单价	金额										数量	单价	金额										数量	单价	金额									
						千	百	十	万	千	百	十	元	角	分			千	百	十	万	千	百	十	元	角	分			千	百	十	万	千	百	十	元	角	分

月	日	进价	调拨价	批发价	零售价

（科目） 明细账（乙）

最高存量 储存天数
最低存量 每件数量

总第 页 分第 号 第 页			
类别		编号	
产地		规格	
名称		单位	

年		凭证	摘要	借（收入）方												贷（发出）方												结存											
月	日			数量	单价	金额										数量	单价	金额										数量	单价	金额									
						千	百	十	万	千	百	十	元	角	分			千	百	十	万	千	百	十	元	角	分			千	百	十	万	千	百	十	元	角	分

应交税费（增值税）明细账

二级科目：________　　　　　　　　　　　　　　　　　　总页________

年		凭证	摘要	借方			贷方				借或贷	余额
月	日			合计	进项税额	已交税金	合计	销项税额	出口退税	进项税额转出		
				十万千百十元角分	十万千百十元角分	十万千百十元角分	百十万千百十元角分	百十万千百十元角分	十万千百十元角分	十万千百十元角分		百十万千百十元角分

制造费用

明细科目：

年		凭证	摘要	借方发生额										贷方合计	余额
月	日			工资	福利费	折旧费	修理费	办公费	工具费	机物料消耗	保险费	其他	合计		

制造费用

明细科目：

年		凭证	摘要	借方发生额										贷方合计	余额
月	日			工资	福利费	折旧费	修理费	办公费	工具费	机物料消耗	保险费	其他	合计		

制造费用

明细科目：

年		凭证	摘要	借方发生额										贷方合计	余额
月	日			工资	福利费	折旧费	修理费	办公费	工具费	机物料消耗	保险费	其他	合计		

制造费用

明细科目：

年		凭证	摘要	借方发生额										贷方合计	余额
月	日			工资	福利费	折旧费	修理费	办公费	工具费	机物料消耗	保险费	其他	合计		

管理费用

明细科目：

年		凭证	摘要	借方发生额									贷方合计	余额
月	日			工资	福利费	折旧费	修理费	办公费	差旅费	保险费	其他	合计		

财务费用明细账

日期	凭证	摘要	借方						贷方	借或贷	余额
			利息	手续费	折扣费						

销售费用明细账

日期	凭证	摘要	借方						贷方	借或贷	余额
			工资	办公费	广告费	差旅费	水电费	折旧费			

生产成本明细账

车间名称：

产品名称：　　　　　　　　　　　　　　　　　　　　　　　　　　　第______页

年		凭证	摘要	借方金额					
月	日			直接材料	燃料及动力	直接人工	其他直接支出	制造费用	合计

生产成本明细账

车间名称：

产品名称：

第______页

年		凭证	摘要	借方金额					
月	日			直接材料	燃料及动力	直接人工	其他直接支出	制造费用	合计

生产成本明细账

车间名称：

产品名称：　　　　　　　　　　　　　　　　第______页

年		凭证	摘要	借方金额					
月	日			直接材料	燃料及动力	直接人工	其他直接支出	制造费用	合计

生产成本明细账

车间名称：

产品名称：

第____页

年		凭证	摘要	借方金额					
月	日			直接材料	燃料及动力	直接人工	其他直接支出	制造费用	合计

生产成本明细账

车间名称：

产品名称：

第______页

年		凭证	摘要	借方金额					
月	日			直接材料	燃料及动力	直接人工	其他直接支出	制造费用	合计

生产成本明细账

车间名称：

产品名称：　　　　　　　　　　　　　　　　　　　　　　　　　　第＿＿＿页

年		凭证	摘要	借方金额					
月	日			直接材料	燃料及动力	直接人工	其他直接支出	制造费用	合计

生产成本明细账

车间名称：

产品名称：　　　　　　　　　　　　　　　　　　　　　　　　　　第______页

年		凭证	摘要	借方金额					
月	日			直接材料	燃料及动力	直接人工	其他直接支出	制造费用	合计

生产成本明细账

车间名称：

产品名称：　　　　　　　　　　　　　　　　　　　　　　　　　　　第____页

年		凭证	摘要	借方金额					
月	日			直接材料	燃料及动力	直接人工	其他直接支出	制造费用	合计

生产成本明细账

车间名称：

产品名称：　　　　　　　　　　　　　　　　　　　　第______页

年		凭证	摘要	借方金额					
月	日			直接材料	燃料及动力	直接人工	其他直接支出	制造费用	合计

生产成本明细账

车间名称：

产品名称：　　　　　　　　　　　　　　　　　　第______页

年		凭证	摘要	借方金额					
月	日			直接材料	燃料及动力	直接人工	其他直接支出	制造费用	合计

生产成本明细账

车间名称：

产品名称：　　　　　　　　　　　　　　　　　　　　第______页

年		凭证	摘要	借方金额					
月	日			直接材料	燃料及动力	直接人工	其他直接支出	制造费用	合计

生产成本明细账

车间名称：

产品名称：

第______页

年		凭证	摘要	借方金额					
月	日			直接材料	燃料及动力	直接人工	其他直接支出	制造费用	合计

本年利润明细账

第___页

年		凭证	摘要	借方金额									贷方金额					借或贷	余额
月	日			主营业务成本	主营业务税金及附加	销售费用	管理费用	财务费用	其他业务支出	营业外支出	所得税	转入未分配利润	产品销售收入	其他业务收入	营业外收入	投资收益	转入未分配利润		

利润分配明细账

科目编号________　　　　　　　　　　　　　　　　　　　　　总页______

会计科目　利润分配　　细目　未分配利润　　子目________　　　　分页______

年		凭证	摘要	借方																											贷方									余额								
				提取法定盈余公积									提取任意盈余公积									应付投资者利润																										
月	日			百	十	万	千	百	十	元	角	分	百	十	万	千	百	十	元	角	分	百	十	万	千	百	十	元	角	分	百	十	万	千	百	十	元	角	分	百	十	万	千	百	十	元	角	分

总　账

专业：________________

学校：________________

班级：________________

学生姓名：________________

账 户 目 录

账户名称	账页	账户名称	账页

账户目录

账户名称	账页	账户名称	账页

总　账

账户名称＿＿＿＿＿＿＿＿　　　　　　　　　　第＿＿页

年		凭证	摘要	借方											贷方											核对	借或贷	余额										
月	日			亿	千	百	十	万	千	百	十	元	角	分	亿	千	百	十	万	千	百	十	元	角	分			亿	千	百	十	万	千	百	十	元	角	分

总　账

账户名称＿＿＿＿＿＿＿＿　　　　　　　　　　第＿＿页

年		凭证	摘要	借方											贷方											核对	借或贷	余额										
月	日			亿	千	百	十	万	千	百	十	元	角	分	亿	千	百	十	万	千	百	十	元	角	分			亿	千	百	十	万	千	百	十	元	角	分

总 账

账户名称________________ 第______页

年		凭证	摘要	借方											贷方											核对	借或贷	余额										
月	日			亿	千	百	十	万	千	百	十	元	角	分	亿	千	百	十	万	千	百	十	元	角	分			亿	千	百	十	万	千	百	十	元	角	分

总 账

账户名称________________ 第______页

年		凭证	摘要	借方											贷方											核对	借或贷	余额										
月	日			亿	千	百	十	万	千	百	十	元	角	分	亿	千	百	十	万	千	百	十	元	角	分			亿	千	百	十	万	千	百	十	元	角	分

总　　账

账户名称＿＿＿＿＿＿＿＿　　　　　　　　　　　　　第＿＿＿页

年		凭证	摘要	借方											贷方											核对	借或贷	余额										
月	日			亿	千	百	十	万	千	百	十	元	角	分	亿	千	百	十	万	千	百	十	元	角	分			亿	千	百	十	万	千	百	十	元	角	分

总　　账

账户名称＿＿＿＿＿＿＿＿　　　　　　　　　　　　　第＿＿＿页

年		凭证	摘要	借方											贷方											核对	借或贷	余额										
月	日			亿	千	百	十	万	千	百	十	元	角	分	亿	千	百	十	万	千	百	十	元	角	分			亿	千	百	十	万	千	百	十	元	角	分

总 账

账户名称　　　　　　　　　　第______页

年		凭证	摘要	借方											贷方											核对	借或贷	余额										
月	日			亿	千	百	十	万	千	百	十	元	角	分	亿	千	百	十	万	千	百	十	元	角	分			亿	千	百	十	万	千	百	十	元	角	分

总 账

账户名称　　　　　　　　　　第______页

年		凭证	摘要	借方											贷方											核对	借或贷	余额										
月	日			亿	千	百	十	万	千	百	十	元	角	分	亿	千	百	十	万	千	百	十	元	角	分			亿	千	百	十	万	千	百	十	元	角	分

总　　账

账户名称＿＿＿＿＿＿＿＿＿＿＿＿　　　　　　第＿＿＿页

年		凭证	摘要	借方											贷方											核对	借或贷	余额										
月	日			亿	千	百	十	万	千	百	十	元	角	分	亿	千	百	十	万	千	百	十	元	角	分			亿	千	百	十	万	千	百	十	元	角	分

总　　账

账户名称＿＿＿＿＿＿＿＿＿＿＿＿　　　　　　第＿＿＿页

年		凭证	摘要	借方											贷方											核对	借或贷	余额										
月	日			亿	千	百	十	万	千	百	十	元	角	分	亿	千	百	十	万	千	百	十	元	角	分			亿	千	百	十	万	千	百	十	元	角	分

总　　账

账户名称＿＿＿＿＿＿＿＿＿＿　　　　　　　　　　　　　　　　第＿＿＿页

年		凭证	摘要	借方											贷方											核对	借或贷	余额										
月	日			亿	千	百	十	万	千	百	十	元	角	分	亿	千	百	十	万	千	百	十	元	角	分			亿	千	百	十	万	千	百	十	元	角	分

总　　账

账户名称＿＿＿＿＿＿＿＿＿＿　　　　　　　　　　　　　　　　第＿＿＿页

年		凭证	摘要	借方											贷方											核对	借或贷	余额										
月	日			亿	千	百	十	万	千	百	十	元	角	分	亿	千	百	十	万	千	百	十	元	角	分			亿	千	百	十	万	千	百	十	元	角	分

总　账

账户名称＿＿＿＿＿＿＿＿＿＿　　　　　　　　　　第＿＿＿页

年		凭证	摘要	借方											贷方											核对	借或贷	余额										
月	日			亿	千	百	十	万	千	百	十	元	角	分	亿	千	百	十	万	千	百	十	元	角	分			亿	千	百	十	万	千	百	十	元	角	分

总　账

账户名称＿＿＿＿＿＿＿＿＿＿　　　　　　　　　　第＿＿＿页

年		凭证	摘要	借方											贷方											核对	借或贷	余额										
月	日			亿	千	百	十	万	千	百	十	元	角	分	亿	千	百	十	万	千	百	十	元	角	分			亿	千	百	十	万	千	百	十	元	角	分

总 账

账户名称＿＿＿＿＿＿＿＿ 第＿＿＿页

年		凭证	摘要	借方											贷方											核对	借或贷	余额										
月	日			亿	千	百	十	万	千	百	十	元	角	分	亿	千	百	十	万	千	百	十	元	角	分			亿	千	百	十	万	千	百	十	元	角	分

总 账

账户名称＿＿＿＿＿＿＿＿ 第＿＿＿页

年		凭证	摘要	借方											贷方											核对	借或贷	余额										
月	日			亿	千	百	十	万	千	百	十	元	角	分	亿	千	百	十	万	千	百	十	元	角	分			亿	千	百	十	万	千	百	十	元	角	分

总　账

账户名称　　　　　　　　　　　　　　　　　　　　第＿＿页

年		凭证	摘要	借方											贷方											核对	借或贷	余额										
月	日			亿	千	百	十	万	千	百	十	元	角	分	亿	千	百	十	万	千	百	十	元	角	分			亿	千	百	十	万	千	百	十	元	角	分

总　账

账户名称　　　　　　　　　　　　　　　　　　　　第＿＿页

年		凭证	摘要	借方											贷方											核对	借或贷	余额										
月	日			亿	千	百	十	万	千	百	十	元	角	分	亿	千	百	十	万	千	百	十	元	角	分			亿	千	百	十	万	千	百	十	元	角	分

总　　账

账户名称　　　　　　　　　　　　　　　　第______页

年		凭证	摘要	借方											贷方											核对	借或贷	余额										
月	日			亿	千	百	十	万	千	百	十	元	角	分	亿	千	百	十	万	千	百	十	元	角	分			亿	千	百	十	万	千	百	十	元	角	分

总　　账

账户名称　　　　　　　　　　　　　　　　第______页

年		凭证	摘要	借方											贷方											核对	借或贷	余额										
月	日			亿	千	百	十	万	千	百	十	元	角	分	亿	千	百	十	万	千	百	十	元	角	分			亿	千	百	十	万	千	百	十	元	角	分

总　账

账户名称　　　　　　　　　　　　第＿＿页

年		凭证	摘要	借方											贷方											核对	借或贷	余额										
月	日			亿	千	百	十	万	千	百	十	元	角	分	亿	千	百	十	万	千	百	十	元	角	分			亿	千	百	十	万	千	百	十	元	角	分

总　账

账户名称　　　　　　　　　　　　第＿＿页

年		凭证	摘要	借方											贷方											核对	借或贷	余额										
月	日			亿	千	百	十	万	千	百	十	元	角	分	亿	千	百	十	万	千	百	十	元	角	分			亿	千	百	十	万	千	百	十	元	角	分

总　　账

账户名称　　　　　　　　　　　　第______页

年		凭证	摘要	借方											贷方											核对	借或贷	余额										
月	日			亿	千	百	十	万	千	百	十	元	角	分	亿	千	百	十	万	千	百	十	元	角	分			亿	千	百	十	万	千	百	十	元	角	分

总　　账

账户名称　　　　　　　　　　　　第______页

年		凭证	摘要	借方											贷方											核对	借或贷	余额										
月	日			亿	千	百	十	万	千	百	十	元	角	分	亿	千	百	十	万	千	百	十	元	角	分			亿	千	百	十	万	千	百	十	元	角	分

总　账

账户名称＿＿＿＿＿＿＿＿　　　　　　　　　　第＿＿＿页

年		凭证	摘要	借方											贷方											核对	借或贷	余额										
月	日			亿	千	百	十	万	千	百	十	元	角	分	亿	千	百	十	万	千	百	十	元	角	分			亿	千	百	十	万	千	百	十	元	角	分

总　账

账户名称＿＿＿＿＿＿＿＿　　　　　　　　　　第＿＿＿页

年		凭证	摘要	借方											贷方											核对	借或贷	余额										
月	日			亿	千	百	十	万	千	百	十	元	角	分	亿	千	百	十	万	千	百	十	元	角	分			亿	千	百	十	万	千	百	十	元	角	分

总　账

账户名称＿＿＿＿＿＿＿＿　　第＿＿＿页

年		凭证	摘要	借方											贷方											核对	借或贷	余额										
月	日			亿	千	百	十	万	千	百	十	元	角	分	亿	千	百	十	万	千	百	十	元	角	分			亿	千	百	十	万	千	百	十	元	角	分

总　账

账户名称＿＿＿＿＿＿＿＿　　第＿＿＿页

年		凭证	摘要	借方											贷方											核对	借或贷	余额										
月	日			亿	千	百	十	万	千	百	十	元	角	分	亿	千	百	十	万	千	百	十	元	角	分			亿	千	百	十	万	千	百	十	元	角	分

总　账

账户名称　　　　　　　　　　　　　　　　　　　　　　第______页

年		凭证	摘要	借方											贷方											核对	借或贷	余额										
月	日			亿	千	百	十	万	千	百	十	元	角	分	亿	千	百	十	万	千	百	十	元	角	分			亿	千	百	十	万	千	百	十	元	角	分

总　账

账户名称　　　　　　　　　　　　　　　　　　　　　　第______页

年		凭证	摘要	借方											贷方											核对	借或贷	余额										
月	日			亿	千	百	十	万	千	百	十	元	角	分	亿	千	百	十	万	千	百	十	元	角	分			亿	千	百	十	万	千	百	十	元	角	分

总账

账户名称______________ 第______页

年		凭证	摘要	借方											贷方											核对	借或贷	余额										
月	日			亿	千	百	十	万	千	百	十	元	角	分	亿	千	百	十	万	千	百	十	元	角	分			亿	千	百	十	万	千	百	十	元	角	分

总账

账户名称______________ 第______页

年		凭证	摘要	借方											贷方											核对	借或贷	余额										
月	日			亿	千	百	十	万	千	百	十	元	角	分	亿	千	百	十	万	千	百	十	元	角	分			亿	千	百	十	万	千	百	十	元	角	分

总　账

账户名称＿＿＿＿＿＿＿＿＿＿　　　　第＿＿＿页

年		凭证	摘要	借方											贷方											核对	借或贷	余额										
月	日			亿	千	百	十	万	千	百	十	元	角	分	亿	千	百	十	万	千	百	十	元	角	分			亿	千	百	十	万	千	百	十	元	角	分

总　账

账户名称＿＿＿＿＿＿＿＿＿＿　　　　第＿＿＿页

年		凭证	摘要	借方											贷方											核对	借或贷	余额										
月	日			亿	千	百	十	万	千	百	十	元	角	分	亿	千	百	十	万	千	百	十	元	角	分			亿	千	百	十	万	千	百	十	元	角	分

总 账

账户名称＿＿＿＿＿＿＿＿＿＿＿＿ 第＿＿＿页

年		凭证	摘要	借方											贷方											核对	借或贷	余额										
月	日			亿	千	百	十	万	千	百	十	元	角	分	亿	千	百	十	万	千	百	十	元	角	分			亿	千	百	十	万	千	百	十	元	角	分

总 账

账户名称＿＿＿＿＿＿＿＿＿＿＿＿ 第＿＿＿页

年		凭证	摘要	借方											贷方											核对	借或贷	余额										
月	日			亿	千	百	十	万	千	百	十	元	角	分	亿	千	百	十	万	千	百	十	元	角	分			亿	千	百	十	万	千	百	十	元	角	分

总账

账户名称＿＿＿＿＿＿＿＿　　　　　　　　第＿＿＿页

年		凭证	摘要	借方											贷方											核对	借或贷	余额										
月	日			亿	千	百	十	万	千	百	十	元	角	分	亿	千	百	十	万	千	百	十	元	角	分			亿	千	百	十	万	千	百	十	元	角	分

总账

账户名称＿＿＿＿＿＿＿＿　　　　　　　　第＿＿＿页

年		凭证	摘要	借方											贷方											核对	借或贷	余额										
月	日			亿	千	百	十	万	千	百	十	元	角	分	亿	千	百	十	万	千	百	十	元	角	分			亿	千	百	十	万	千	百	十	元	角	分

总　　账

账户名称　　　　　　　　　　　　　　　　　　　　　　第＿＿＿页

年		凭证	摘要	借方											贷方											核对	借或贷	余额										
月	日			亿	千	百	十	万	千	百	十	元	角	分	亿	千	百	十	万	千	百	十	元	角	分			亿	千	百	十	万	千	百	十	元	角	分

总　　账

账户名称　　　　　　　　　　　　　　　　　　　　　　第＿＿＿页

年		凭证	摘要	借方											贷方											核对	借或贷	余额										
月	日			亿	千	百	十	万	千	百	十	元	角	分	亿	千	百	十	万	千	百	十	元	角	分			亿	千	百	十	万	千	百	十	元	角	分

总　账

账户名称　　　　　　　　　　　　第______页

年		凭证	摘要	借方											贷方											核对	借或贷	余额										
月	日			亿	千	百	十	万	千	百	十	元	角	分	亿	千	百	十	万	千	百	十	元	角	分			亿	千	百	十	万	千	百	十	元	角	分

总　账

账户名称　　　　　　　　　　　　第______页

年		凭证	摘要	借方											贷方											核对	借或贷	余额										
月	日			亿	千	百	十	万	千	百	十	元	角	分	亿	千	百	十	万	千	百	十	元	角	分			亿	千	百	十	万	千	百	十	元	角	分

总　　账

账户名称　　　　　　　　　　第______页

年		凭证	摘要	借方											贷方											核对	借或贷	余额										
月	日			亿	千	百	十	万	千	百	十	元	角	分	亿	千	百	十	万	千	百	十	元	角	分			亿	千	百	十	万	千	百	十	元	角	分

总　　账

账户名称　　　　　　　　　　第______页

年		凭证	摘要	借方											贷方											核对	借或贷	余额										
月	日			亿	千	百	十	万	千	百	十	元	角	分	亿	千	百	十	万	千	百	十	元	角	分			亿	千	百	十	万	千	百	十	元	角	分

总　账

账户名称＿＿＿＿＿＿＿＿ 第＿＿＿页

年		凭证	摘要	借方											贷方											核对	借或贷	余额										
月	日			亿	千	百	十	万	千	百	十	元	角	分	亿	千	百	十	万	千	百	十	元	角	分			亿	千	百	十	万	千	百	十	元	角	分

总　账

账户名称＿＿＿＿＿＿＿＿ 第＿＿＿页

年		凭证	摘要	借方											贷方											核对	借或贷	余额										
月	日			亿	千	百	十	万	千	百	十	元	角	分	亿	千	百	十	万	千	百	十	元	角	分			亿	千	百	十	万	千	百	十	元	角	分

总 账

账户名称　　　　　　　　　　第____页

年		凭证	摘要	借方											贷方											核对	借或贷	余额										
月	日			亿	千	百	十	万	千	百	十	元	角	分	亿	千	百	十	万	千	百	十	元	角	分			亿	千	百	十	万	千	百	十	元	角	分

总 账

账户名称　　　　　　　　　　第____页

年		凭证	摘要	借方											贷方											核对	借或贷	余额										
月	日			亿	千	百	十	万	千	百	十	元	角	分	亿	千	百	十	万	千	百	十	元	角	分			亿	千	百	十	万	千	百	十	元	角	分

总　账

账户名称　　　　　　　　　　　　　　　　　　第＿＿页

年		凭证	摘要	借方											贷方											核对	借或贷	余额										
月	日			亿	千	百	十	万	千	百	十	元	角	分	亿	千	百	十	万	千	百	十	元	角	分			亿	千	百	十	万	千	百	十	元	角	分

总　账

账户名称　　　　　　　　　　　　　　　　　　第＿＿页

年		凭证	摘要	借方											贷方											核对	借或贷	余额										
月	日			亿	千	百	十	万	千	百	十	元	角	分	亿	千	百	十	万	千	百	十	元	角	分			亿	千	百	十	万	千	百	十	元	角	分

总　　账

账户名称＿＿＿＿＿＿＿＿　　　　第＿＿＿＿页

年		凭证	摘要	借方											贷方											核对	借或贷	余额										
月	日			亿	千	百	十	万	千	百	十	元	角	分	亿	千	百	十	万	千	百	十	元	角	分			亿	千	百	十	万	千	百	十	元	角	分

总　　账

账户名称＿＿＿＿＿＿＿＿　　　　第＿＿＿＿页

年		凭证	摘要	借方											贷方											核对	借或贷	余额										
月	日			亿	千	百	十	万	千	百	十	元	角	分	亿	千	百	十	万	千	百	十	元	角	分			亿	千	百	十	万	千	百	十	元	角	分

总　账

账户名称＿＿＿＿＿＿＿＿　　　　　　　　　　　　　　　　　　第＿＿＿页

年		凭证	摘要	借方											贷方											核对	借或贷	余额										
月	日			亿	千	百	十	万	千	百	十	元	角	分	亿	千	百	十	万	千	百	十	元	角	分			亿	千	百	十	万	千	百	十	元	角	分

总　账

账户名称＿＿＿＿＿＿＿＿　　　　　　　　　　　　　　　　　　第＿＿＿页

年		凭证	摘要	借方											贷方											核对	借或贷	余额										
月	日			亿	千	百	十	万	千	百	十	元	角	分	亿	千	百	十	万	千	百	十	元	角	分			亿	千	百	十	万	千	百	十	元	角	分

总　　账

账户名称＿＿＿＿＿＿＿＿＿＿　　　　　　　　　　　　第＿＿＿页

年		凭证	摘要	借方											贷方											核对	借或贷	余额										
月	日			亿	千	百	十	万	千	百	十	元	角	分	亿	千	百	十	万	千	百	十	元	角	分			亿	千	百	十	万	千	百	十	元	角	分

总　　账

账户名称＿＿＿＿＿＿＿＿＿＿　　　　　　　　　　　　第＿＿＿页

年		凭证	摘要	借方											贷方											核对	借或贷	余额										
月	日			亿	千	百	十	万	千	百	十	元	角	分	亿	千	百	十	万	千	百	十	元	角	分			亿	千	百	十	万	千	百	十	元	角	分

总　　账

账户名称＿＿＿＿＿＿＿＿　　　　第＿＿＿页

年		凭证	摘要	借方											贷方											核对	借或贷	余额										
月	日			亿	千	百	十	万	千	百	十	元	角	分	亿	千	百	十	万	千	百	十	元	角	分			亿	千	百	十	万	千	百	十	元	角	分

总　　账

账户名称＿＿＿＿＿＿＿＿　　　　第＿＿＿页

年		凭证	摘要	借方											贷方											核对	借或贷	余额										
月	日			亿	千	百	十	万	千	百	十	元	角	分	亿	千	百	十	万	千	百	十	元	角	分			亿	千	百	十	万	千	百	十	元	角	分

总 账

账户名称　　　　　　　　　　　　　　　　　　第______页

年		凭证	摘要	借方											贷方											核对	借或贷	余额										
月	日			亿	千	百	十	万	千	百	十	元	角	分	亿	千	百	十	万	千	百	十	元	角	分			亿	千	百	十	万	千	百	十	元	角	分

总 账

账户名称　　　　　　　　　　　　　　　　　　第______页

年		凭证	摘要	借方											贷方											核对	借或贷	余额										
月	日			亿	千	百	十	万	千	百	十	元	角	分	亿	千	百	十	万	千	百	十	元	角	分			亿	千	百	十	万	千	百	十	元	角	分

总　账

账户名称________________　　　　　　　　　　　　　　　　　　第______页

年		凭证	摘要	借方											贷方											核对	借或贷	余额										
月	日			亿	千	百	十	万	千	百	十	元	角	分	亿	千	百	十	万	千	百	十	元	角	分			亿	千	百	十	万	千	百	十	元	角	分

总　账

账户名称________________　　　　　　　　　　　　　　　　　　第______页

年		凭证	摘要	借方											贷方											核对	借或贷	余额										
月	日			亿	千	百	十	万	千	百	十	元	角	分	亿	千	百	十	万	千	百	十	元	角	分			亿	千	百	十	万	千	百	十	元	角	分

总 账

账户名称________________ 第______页

年		凭证	摘要	借方											贷方											核对	借或贷	余额										
月	日			亿	千	百	十	万	千	百	十	元	角	分	亿	千	百	十	万	千	百	十	元	角	分			亿	千	百	十	万	千	百	十	元	角	分

总 账

账户名称________________ 第______页

年		凭证	摘要	借方											贷方											核对	借或贷	余额										
月	日			亿	千	百	十	万	千	百	十	元	角	分	亿	千	百	十	万	千	百	十	元	角	分			亿	千	百	十	万	千	百	十	元	角	分

总　账

账户名称＿＿＿＿＿＿＿＿ 　　　　　　　　第＿＿＿页

年		凭证	摘要	借方											贷方											核对	借或贷	余额										
月	日			亿	千	百	十	万	千	百	十	元	角	分	亿	千	百	十	万	千	百	十	元	角	分			亿	千	百	十	万	千	百	十	元	角	分

总　账

账户名称＿＿＿＿＿＿＿＿ 　　　　　　　　第＿＿＿页

年		凭证	摘要	借方											贷方											核对	借或贷	余额										
月	日			亿	千	百	十	万	千	百	十	元	角	分	亿	千	百	十	万	千	百	十	元	角	分			亿	千	百	十	万	千	百	十	元	角	分

总　　账

账户名称＿＿＿＿＿＿＿＿＿＿　　　　　　　　第＿＿＿＿页

年		凭证	摘要	借方											贷方											核对	借或贷	余额										
月	日			亿	千	百	十	万	千	百	十	元	角	分	亿	千	百	十	万	千	百	十	元	角	分			亿	千	百	十	万	千	百	十	元	角	分

总　　账

账户名称＿＿＿＿＿＿＿＿＿＿　　　　　　　　第＿＿＿＿页

年		凭证	摘要	借方											贷方											核对	借或贷	余额										
月	日			亿	千	百	十	万	千	百	十	元	角	分	亿	千	百	十	万	千	百	十	元	角	分			亿	千	百	十	万	千	百	十	元	角	分

总　账

账户名称＿＿＿＿＿＿＿＿＿＿＿＿＿＿ 第＿＿＿页

年		凭证	摘要	借方											贷方											核对	借或贷	余额										
月	日			亿	千	百	十	万	千	百	十	元	角	分	亿	千	百	十	万	千	百	十	元	角	分			亿	千	百	十	万	千	百	十	元	角	分

总　账

账户名称＿＿＿＿＿＿＿＿＿＿＿＿＿＿ 第＿＿＿页

年		凭证	摘要	借方											贷方											核对	借或贷	余额										
月	日			亿	千	百	十	万	千	百	十	元	角	分	亿	千	百	十	万	千	百	十	元	角	分			亿	千	百	十	万	千	百	十	元	角	分

总 账

账户名称________________　　　　第______页

年		凭证	摘要	借方											贷方											核对	借或贷	余额										
月	日			亿	千	百	十	万	千	百	十	元	角	分	亿	千	百	十	万	千	百	十	元	角	分			亿	千	百	十	万	千	百	十	元	角	分

总 账

账户名称________________　　　　第______页

年		凭证	摘要	借方											贷方											核对	借或贷	余额										
月	日			亿	千	百	十	万	千	百	十	元	角	分	亿	千	百	十	万	千	百	十	元	角	分			亿	千	百	十	万	千	百	十	元	角	分

总　账

账户名称________________　　　　　　　　第______页

年		凭证	摘要	借方											贷方											核对	借或贷	余额										
月	日			亿	千	百	十	万	千	百	十	元	角	分	亿	千	百	十	万	千	百	十	元	角	分			亿	千	百	十	万	千	百	十	元	角	分

总　账

账户名称________________　　　　　　　　第______页

年		凭证	摘要	借方											贷方											核对	借或贷	余额										
月	日			亿	千	百	十	万	千	百	十	元	角	分	亿	千	百	十	万	千	百	十	元	角	分			亿	千	百	十	万	千	百	十	元	角	分

总　账

账户名称＿＿＿＿＿＿＿＿　　　　第＿＿＿页

年		凭证	摘要	借方											贷方											核对	借或贷	余额										
月	日			亿	千	百	十	万	千	百	十	元	角	分	亿	千	百	十	万	千	百	十	元	角	分			亿	千	百	十	万	千	百	十	元	角	分

总　账

账户名称＿＿＿＿＿＿＿＿　　　　第＿＿＿页

年		凭证	摘要	借方											贷方											核对	借或贷	余额										
月	日			亿	千	百	十	万	千	百	十	元	角	分	亿	千	百	十	万	千	百	十	元	角	分			亿	千	百	十	万	千	百	十	元	角	分

总　账

账户名称　　　　　　　　　　　　第______页

年		凭证	摘要	借方											贷方											核对	借或贷	余额										
月	日			亿	千	百	十	万	千	百	十	元	角	分	亿	千	百	十	万	千	百	十	元	角	分			亿	千	百	十	万	千	百	十	元	角	分

总　账

账户名称　　　　　　　　　　　　第______页

年		凭证	摘要	借方											贷方											核对	借或贷	余额										
月	日			亿	千	百	十	万	千	百	十	元	角	分	亿	千	百	十	万	千	百	十	元	角	分			亿	千	百	十	万	千	百	十	元	角	分

总　　账

账户名称　　　　　　　　　　　　　　　　第______页

年		凭证	摘要	借方											贷方											核对	借或贷	余额										
月	日			亿	千	百	十	万	千	百	十	元	角	分	亿	千	百	十	万	千	百	十	元	角	分			亿	千	百	十	万	千	百	十	元	角	分

总　　账

账户名称　　　　　　　　　　　　　　　　第______页

年		凭证	摘要	借方											贷方											核对	借或贷	余额										
月	日			亿	千	百	十	万	千	百	十	元	角	分	亿	千	百	十	万	千	百	十	元	角	分			亿	千	百	十	万	千	百	十	元	角	分

总　　账

账户名称________　　　　　　　　　　　　　　　　第____页

年		凭证	摘要	借方											贷方											核对	借或贷	余额										
月	日			亿	千	百	十	万	千	百	十	元	角	分	亿	千	百	十	万	千	百	十	元	角	分			亿	千	百	十	万	千	百	十	元	角	分

总　　账

账户名称________　　　　　　　　　　　　　　　　第____页

年		凭证	摘要	借方											贷方											核对	借或贷	余额										
月	日			亿	千	百	十	万	千	百	十	元	角	分	亿	千	百	十	万	千	百	十	元	角	分			亿	千	百	十	万	千	百	十	元	角	分

总　　账

账户名称　　　　　　　　　　　　　　　　　　　　　　第______页

年		凭证	摘要	借方											贷方											核对	借或贷	余额										
月	日			亿	千	百	十	万	千	百	十	元	角	分	亿	千	百	十	万	千	百	十	元	角	分			亿	千	百	十	万	千	百	十	元	角	分

总　　账

账户名称　　　　　　　　　　　　　　　　　　　　　　第______页

年		凭证	摘要	借方											贷方											核对	借或贷	余额										
月	日			亿	千	百	十	万	千	百	十	元	角	分	亿	千	百	十	万	千	百	十	元	角	分			亿	千	百	十	万	千	百	十	元	角	分

总　账

账户名称＿＿＿＿＿＿＿＿　　　　　　　　　　第＿＿＿页

年		凭证	摘要	借方											贷方											核对	借或贷	余额										
月	日			亿	千	百	十	万	千	百	十	元	角	分	亿	千	百	十	万	千	百	十	元	角	分			亿	千	百	十	万	千	百	十	元	角	分

总　账

账户名称＿＿＿＿＿＿＿＿　　　　　　　　　　第＿＿＿页

年		凭证	摘要	借方											贷方											核对	借或贷	余额										
月	日			亿	千	百	十	万	千	百	十	元	角	分	亿	千	百	十	万	千	百	十	元	角	分			亿	千	百	十	万	千	百	十	元	角	分

总 账

账户名称　　　　　　　　　　　　第＿＿页

年		凭证	摘要	借方											贷方											核对	借或贷	余额										
月	日			亿	千	百	十	万	千	百	十	元	角	分	亿	千	百	十	万	千	百	十	元	角	分			亿	千	百	十	万	千	百	十	元	角	分

总 账

账户名称　　　　　　　　　　　　第＿＿页

年		凭证	摘要	借方											贷方											核对	借或贷	余额										
月	日			亿	千	百	十	万	千	百	十	元	角	分	亿	千	百	十	万	千	百	十	元	角	分			亿	千	百	十	万	千	百	十	元	角	分

总　账

账户名称＿＿＿＿＿＿＿＿＿＿ 第＿＿＿页

年		凭证	摘要	借方											贷方											核对	借或贷	余额										
月	日			亿	千	百	十	万	千	百	十	元	角	分	亿	千	百	十	万	千	百	十	元	角	分			亿	千	百	十	万	千	百	十	元	角	分

总　账

账户名称＿＿＿＿＿＿＿＿＿＿ 第＿＿＿页

年		凭证	摘要	借方											贷方											核对	借或贷	余额										
月	日			亿	千	百	十	万	千	百	十	元	角	分	亿	千	百	十	万	千	百	十	元	角	分			亿	千	百	十	万	千	百	十	元	角	分

总　　账

账户名称　　　　　　　　　　　　　　　　　　　　　　第______页

年		凭证	摘要	借方											贷方											核对	借或贷	余额										
月	日			亿	千	百	十	万	千	百	十	元	角	分	亿	千	百	十	万	千	百	十	元	角	分			亿	千	百	十	万	千	百	十	元	角	分

总　　账

账户名称　　　　　　　　　　　　　　　　　　　　　　第______页

年		凭证	摘要	借方											贷方											核对	借或贷	余额										
月	日			亿	千	百	十	万	千	百	十	元	角	分	亿	千	百	十	万	千	百	十	元	角	分			亿	千	百	十	万	千	百	十	元	角	分

总　账

账户名称　　　　　　　　　　　　第____页

年		凭证	摘要	借方											贷方											核对	借或贷	余额										
月	日			亿	千	百	十	万	千	百	十	元	角	分	亿	千	百	十	万	千	百	十	元	角	分			亿	千	百	十	万	千	百	十	元	角	分

总　账

账户名称　　　　　　　　　　　　第____页

年		凭证	摘要	借方											贷方											核对	借或贷	余额										
月	日			亿	千	百	十	万	千	百	十	元	角	分	亿	千	百	十	万	千	百	十	元	角	分			亿	千	百	十	万	千	百	十	元	角	分

第八章

会计报表

专业：______________________

学校：______________________

班级：______________________

学生姓名：______________________

利 润 表

会企 02 表

编制单位：　　　　　　　　　　　　　　　　年　　月　　单位：元

项目	行次	本月数	本期金额	上期金额
一、营业收入	1			
减：营业成本	2			
税金及附加	3			
销售费用	4			
管理费用	5			
财务费用	6			
资产减值损失	7			
加：公允价值变动收益（损失以“－”号填列）	8			
投资收益（损失以“－”填列）	9			
其中：对联营企业和合营企业的投资收益	10			
二、营业利润（亏损以“－”号填列）	11			
加：营业外收入	12			
其中：非流动资产处置利得	13			
减：营业外支出	14			
其中：非流动资产处置损失	15			
三、利润总额（亏损总额以“－”号填列）	16			
减：所得税费用	17			
四、净利润（净亏损以“－”号填列）	18			
五、每股收益	19			
（一）基本每股收益	20			
（二）稀释每股收益	21			

资 产 负 债 表

会企01表

编制单位：　　　　年　　月　　日　　　　金额单位：元

资产	行次	期末余额	年初余额	负债及所有者权益（或股东权利）	行次	期末余额	年初余额
流动资产：				流动负债：			
货币资金				短期借款			
交易性金融资产				应付票据及应付账款			
应收票据及应收账款				预收账款			
应收账款				应付职工薪酬			
预付款项				应交税费			
其他应收款				其他应付款			
存货				一年内到期的非流动负债			
一年内到期的非流动资产				其他流动负债			
其他流动资产				流动负债合计			
流动资产合计				非流动负债：			
非流动资产：				长期借款			
债权投资				应付债券			
其他债权投资				长期应付款			
投资性房地产				专项应付款			
长期股权投资							
长期应收款							

续表

资产	行次	期末余额	年初余额	负债及所有者权益(或股东权利)	行次	期末余额	年初余额
固定资产				预计负债			
在建工程				递延所得税负债			
油气资产				其他非流动负债			
无形资产				非流动负债合计			
开发支出				负债合计			
商誉				所有者权益（或股东权益）:			
长期待摊费用				实收资本（或股本）			
递延所得税资产				资本公积			
其他非流动资产				其他综合收益			
非流动资产合计				盈余公积			
资产总计				未分配利润			
				减：库存股			
				所有者权益合计（或股东权益）合计			
				负债和所有者权益（或股东权益）总计			

参考文献

[1] 李占国,吴道华,王家明.基础会计综合模拟实训[M].4版.北京:高等教育出版社,2016.
[2] 财政部会计资格评价中心.中级会计实务[M].北京:经济科学出版社,2004.
[3] 潘敏.成本会计实务[M].北京:北京大学出版社,2012.